COMPREENDER
A IGREJA HOJE

Dados Internacionais de Catalogação na Publicação (CIP)
(Câmara Brasileira do Livro, SP, Brasil)

Ratzinger, Joseph
　　Compreender a Igreja hoje : vocação para a comunhão / Joseph Ratzinger ; tradução D. Mateus Ramalho Rocha. – 4. ed. – Petrópolis, RJ : Vozes, 2015.

　　Título original: Zur Gemeinschaft gerufen : Kirche heute verstehen.
　　Bibliografia.

　　8ª reimpressão, 2023.

　　ISBN 978-85-326-0791-1

　　1. Igreja 2. Cristianismo 3. Teologia I. Título.

14-12635　　　　　　　　　　　　　　　　　　　　　CDD-262

Índices para catálogo sistemático:
1. Igreja : Eclesiologia : Teologia : Cristianismo　262

CARDEAL
J. RATZINGER

COMPREENDER A IGREJA HOJE

VOCAÇÃO PARA A COMUNHÃO

Tradução de
D. Mateus Ramalho Rocha, OSB

Petrópolis

Tradução realizada do original em alemão intitulado
Zur Gemeinschaft gerufen: Kirche heute verstehen

Direitos de publicação em língua portuguesa – Brasil:
© 1992, Editora Vozes Ltda.
Rua Frei Luís, 100
25689-900 Petrópolis, RJ
www.vozes.com.br
Brasil

Todos os direitos reservados. Nenhuma parte desta obra poderá ser
reproduzida ou transmitida por qualquer forma e/ou quaisquer meios
(eletrônico ou mecânico, incluindo fotocópia e gravação)
ou arquivada em qualquer sistema ou banco de dados
sem permissão escrita da editora.

CONSELHO EDITORIAL

Diretor
Volney J. Berkenbrock

Editores
Aline dos Santos Carneiro
Edrian Josué Pasini
Marilac Loraine Oleniki
Welder Lancieri Marchini

Conselheiros
Elói Dionísio Piva
Francisco Morás
Gilberto Gonçalves Garcia
Ludovico Garmus
Teobaldo Heidemann

Secretário executivo
Leonardo A.R.T. dos Santos

Diagramação: Sheilandre Desenv. Gráfico

ISBN 978-85-326-0791-1 (Brasil)
ISBN 3451288281 (Alemanha)

Este livro foi composto e impresso pela Editora Vozes Ltda.

SUMÁRIO

Prefácio, 7

CAPÍTULO I: Origem e natureza da Igreja, 9

CAPÍTULO II: O Primado de Pedro e a unidade da Igreja, 31

CAPÍTULO III: Igreja universal e Igreja particular: A missão do bispo, 49

CAPÍTULO IV: Sobre a natureza do sacerdócio, 67

CAPÍTULO V: Uma comunidade a caminho: Sobre a Igreja e sua renovação permanente, 83

Epílogo: Partido de Cristo ou Igreja de Jesus Cristo?, 99

PREFÁCIO

A questão relativa à Igreja tornou-se amplamente a questão de saber como se poderá torná-la diferente e melhor. Mas, quem pretende melhorar um objeto, e, com maior razão ainda, quem deseja curar um organismo, deve primeiramente indagar como este objeto foi feito e como o organismo se constituiu a partir de dentro. Se não se quer que a ação seja cega e, consequentemente, destruidora, deve-se antes conhecer a essência da realidade sobre a qual se pretende agir. Hoje em dia também o desejo de agir em relação à Igreja deve ter a paciência de perguntar primeiramente em que ela consiste, qual a sua origem e qual a sua finalidade. Hoje também o *ethos* da Igreja só poderá ser correto se se deixar iluminar e conduzir pelo *logos* da fé!

Neste sentido, procuramos oferecer os cinco capítulos deste volume como uma espécie de fio condutor da Eclesiologia católica. Os três primeiros foram redigidos para um curso de Teologia para o qual, de 23 a 27 de julho de 1990, se reuniram no Rio de Janeiro cerca de cem bispos provenientes de todas as regiões do Brasil. A questão capital era aquela que dizia respeito às relações entre a Igreja universal e a Igreja particular, e de modo especial com referência ao primado do sucessor de Pedro e sua relação com o ministério dos bispos. O clima fraterno no convívio daqueles dias se converteu, por si mesmo, numa espécie de interpretação concreta da questão proposta. Tivemos a felicidade de vivenciar a catolicidade com seu entrelaçamento vital entre unidade e pluralidade. Espero que a palavra escrita seja também capaz de transmitir algo do espírito de nosso convívio e, assim, ajudar-nos a ter uma nova compreensão da Igreja.

A estes três primeiros capítulos juntei a conferência que pronunciei em outubro de 1990, por ocasião da abertura do Sínodo dos Bispos sobre o sacerdócio, como introdução às deliberações sobre a formação sacerdotal. No presente volume foi incluída também a palestra sobre a reforma da Igreja, com a qual se encerrou o Meeting de Rímini, em primeiro de setembro de 1990. Deste modo, a questão relativa à estrutura e à vida da Igreja deve encontrar seu necessário alargamento para além das perspectivas das conferências do Rio de Janeiro, determinadas pelo ministério episcopal. Pretendemos assim estabelecer a ligação com as questões atuais sobre a vida da Igreja. Também o eco vivo que os dois textos despertaram no público indica-nos que sua inclusão neste volume é inteiramente lógica. Uma homilia que pronunciei em janeiro de 1990 no Seminário maior de Filadélfia, Estados Unidos, procura elucidar, no final, ainda uma vez, a intencionalidade espiritual do conjunto. Deste modo espero que este pequeno volume seja capaz de agir clarificadora e beneficamente na consciência da Igreja, em meio às crises existentes.

Roma, festa da Epifania de 1991
Cardeal Joseph Ratzinger

CAPÍTULO I

ORIGEM E NATUREZA DA IGREJA

1. Considerações Metodológicas Preliminares

As questões sobre a Igreja, hoje, são em geral de natureza prática: Qual é a responsabilidade do bispo? Qual é o significado das Igrejas particulares no conjunto da Igreja de Jesus Cristo? Para que existe o Papado? De que modo devem colaborar entre si os bispos e o Papa, as Igrejas particulares e a Igreja universal? Qual a posição do leigo na Igreja?[1] Para podermos responder corretamente a estas questões práticas é necessário formular preliminarmente a pergunta fundamental: Que é, antes do mais, a Igreja? Qual é a sua finalidade? De onde provém? Cristo quis verdadeiramente fundá-la e, em caso afirmativo, de que maneira a concebeu? Somente se pudermos responder corretamente a estas questões fundamentais, teremos a possibilidade de encontrar uma resposta adequada para os problemas singulares de ordem prática.

Na verdade, acontece que justamente a questão a respeito de Jesus e da Igreja, e sobretudo sobre a forma que a Igreja assumiu em seus primórdios, em o Novo Testamento, se acha envolvida por um emaranhado de hipóteses exegéticas, de tal modo que nos parece quase impossível encontrar uma resposta mais ou menos adequada para esta questão. Desta maneira corremos o perigo de privilegiar dentre as soluções aquelas que nos pareçam as mais simpáticas, ou simplesmente de omitir a questão e transitarmos imediatamente para o pragmático. Mas uma tal forma de pastoral estaria fundamentada no ceticismo: já não trataríamos de seguir a vontade do Senhor, mas procuraríamos, às cegas e às apalpadelas, aquilo que nos parece o mais fácil de alcançar: seríamos cegos guiando outros cegos (cf. Mt 15,14).

É possível encontrarmos um caminho através do intrincado das hipóteses exegéticas, desde que não queiramos penetrar nele simplesmente a golpe de facão, começando por um ponto qualquer, pois, neste caso, envolver-nos-íamos em uma luta constante entre as diversas teorias, e acabaríamos presos nas malhas de suas contradições. Em vez disso, é necessário, em primeiro lugar, obtermos uma espécie de vista aérea do conjunto: tendo-se uma visão mais ampla do terreno, torna-se possível também ver os rumos a tomar. É preciso, portanto, acompanhar o desenvolvimento da exegese no decurso de um século aproximadamente: então se poderão observar as grandes mudanças pelas quais ela tem passado e descobrir, por assim dizer, os meandros que percorreu. Assim, aprenderemos a distinguir os caminhos verdadeiros dos rodeios. Se tentarmos esta vista aérea, poderemos distinguir três gerações de exegetas e concomitantemente também três grandes viradas na história da exegese em nosso século. A primeira de todas é a exegese liberal, que enxerga em Jesus, de conformidade com o ideal dos círculos liberais, o grande individualista que liberta a religião das instituições do culto, reduzindo-a à ética, a qual, por sua vez, se fundamenta inteiramente na responsabilidade da consciência de cada indivíduo. Um Jesus como este, que rejeita o culto, que transforma a religião em moral, declarando esta última um assunto da alçada individual, não pode evidentemente fundar uma Igreja. É o adversário de todas as instituições e, por isto, não vai criar ele próprio mais uma.

A Primeira Guerra Mundial trouxe consigo o desmoronamento do mundo liberal e com ele, também, o distanciamento em relação a seu individualismo e seu moralismo. As grandes instituições políticas que se apoiavam inteiramente na ciência e na técnica como sustentáculos do progresso da humanidade fracassaram em sua qualidade de forças da ordem moral. Daí o redespertar do anseio de integrar uma comunidade de vivência do sacral. A Igreja foi redescoberta precisamente também no âmbito protestante. Na teologia escandinava se desenvolveu uma exegese cúltica que, em estreita oposição ao pensamento liberal, já não via Jesus como o crítico do culto, mas entendia o culto como o espaço vital interior da Bíblia, tanto no Antigo como no Novo Testamento e deste modo procurava também interpretar o pensamento e a vontade de Jesus a partir da grande corrente de vivência do culto divino. Semelhantes tendências se manifestam também no âmbito da língua inglesa. Mas também no seio do protestantismo alemão surgiu uma nova percepção da Igreja: tomou-se consciência

10

de que é impossível conceber o Messias sem o seu povo[2]. Com o retomo ao sacramento, tomou-se conhecimento do significado da Última Ceia de Jesus como geradora da comunidade e formulou-se a tese de que, com a Última Ceia, o próprio Jesus fundou uma nova comunidade e que a mesma Ceia é a origem da Igreja e sua norma permanente[3]. Teólogos russos exilados na França desenvolveram a mesma ideia, a partir da tradição ortodoxa, concebendo uma eclesiologia eucarística que exerceu também grande influência no âmbito católico depois do Concílio Vaticano II[4].

Depois da Segunda Guerra Mundial, a humanidade se dividiu cada vez mais claramente em dois campos: o mundo dos povos ricos que se pauta, em sua ampla maioria, pelo modelo liberal, e o bloco marxista, que se concebia a si próprio, ao mesmo tempo, como a voz das nações pobres da América do Sul, da África e da Ásia, e como modelo de seu futuro. Também se produziu uma divisão nas tendências teológicas. No Ocidente neoliberal surgiu uma variante da antiga Teologia liberal sob novas formas: a interpretação escatológica da mensagem de Jesus. Na verdade, já não se concebe Jesus como puro moralista, mas, de novo, em contraposição com o culto e as instituições históricas do Antigo Testamento. Desta forma se retoma o antigo esquema que divide o Antigo Testamento em sacerdotes e profetas, em culto, instituições e Direito, de um lado, e em profecia, carisma e liberdade de expressão, de outro. Nesta visão, os sacerdotes, o culto, a instituição e o Direito aparecem como o negativo, a ser superado, ao passo que Jesus se situaria na linha da profecia, aperfeiçoando-a em oposição ao sacerdócio, que teria feito morrer a ele e aos profetas. Deste modo surge uma nova variante do individualismo liberal: Jesus anuncia o fim das instituições. É possível que sua mensagem escatológica tenha sido concebida, no contexto da época, como o anúncio do fim do mundo, mas é vista como a passagem drástica do institucional para o carismático, como o fim das religiões ou, em qualquer caso, como uma fé "que não é deste mundo", a qual cria constantemente suas formas. Também aqui já não se pode falar de fundação da Igreja, pois esta se chocaria com a radicalidade escatológica[5].

Esta nova forma de liberalismo podia transformar-se muito facilmente em uma interpretação da Bíblia de orientação marxista. A contraposição entre sacerdotes e profetas toma-se a chave da luta de classes como lei da História. Jesus, portanto, teria morrido na luta contra as forças opressoras. Torna-se o símbolo do proletariado que sofre e luta, o símbolo do "povo", como agora se prefere dizer. O caráter escatológico da mensagem nos remete, então, ao fim da sociedade de classes; na dialética profeta/sacerdote se expressa a dialética da História que culmina com a vitória dos oprimidos e com o surgimento de uma sociedade sem classes. Nesta visão pode integrar-se muito bem o fato de que Jesus quase nunca falou da Igreja, referindo-se constantemente ao Reino de Deus: o "Reino" será, então, a sociedade sem classes e se torna a meta da luta do povo oprimido, sendo considerado como meta alcançada, onde o proletariado organizado, vale dizer, o seu partido, o socialismo, triunfou. A eclesiologia volta a ter significado, precisamente neste modelo dialético, oferecido pela divisão da Bíblia em sacerdotes e profetas, à qual se faz corresponder uma distinção entre instituição e povo. De acordo com este modelo dialético, à Igreja institucional, "oficial", se contrapõe a "Igreja do povo", que nasce constantemente do povo e, por isto, perpetua as intenções de Jesus: sua luta contra a instituição e seu poder opressor em favor de uma nova sociedade livre, que será "o Reino de Deus".

Apresentei, assim, de modo muito esquemático, as três fases da história mais recente da interpretação do testemunho bíblico a respeito de Jesus e de sua Igreja. Inúmeras são as variantes quanto aos aspectos particulares, mas ficou evidente a tendência geral do conjunto. Que nos mostra esta "vista aérea" das hipóteses exegéticas de todo um século? Indica-nos, antes de tudo, que os grandes modelos interpretativos resultam da fisionomia espiritual da respectiva época. Aproximamo-nos, portanto, da verdade, ao desembaraçarmos cada uma das teorias de seu invólucro ideológico contemporâneo: deste modo, por assim dizer, nossa "vista aérea" do panorama exegético nos põe ao alcance uma bússola hermenêutica. Isto significa, ao mesmo tempo, que adquirimos uma nova confiança na continuidade intrínseca da memória da Igreja. Tanto em sua vida sacramental quanto em sua proclamação da palavra divina, ela constitui um sujeito próprio cuja memória mantém presente aquilo que na palavra e na obra de Jesus figura aos nossos olhos como passado. Isto não quer dizer que a Igreja nada tenha a aprender com as correntes teológicas que se desenvolvem através da História. Cada situação em que se ache a humanidade põe à mostra também novas facetas do espírito humano e abre acessos novos à realidade. Em seu encontro, portanto, com as experiências

12

históricas da humanidade, a Igreja pode penetrar cada vez mais profundamente na Verdade e descobrir nela novas dimensões que, sem estas experiências, seria impossível compreender. Entretanto, convém sempre guardar uma atitude de ceticismo onde quer que novas interpretações ataquem a identidade da consciência da Igreja e queiram substituí-la por novas formas de pensamento, ou seja, destruí-la enquanto memória. Com isto temos um segundo critério de diferenciação. Se antes dizíamos que devemos desembaraçar cada uma das interpretações daquilo que deriva de uma ideologia moderna, agora podemos afirmar, em sentido inverso: a compatibilidade com a memória básica da Igreja é a norma para aquilo que se deve considerar como histórica e objetivamente fiel à mesma, em contraposição ao que provém não da palavra bíblica, mas da própria reflexão. Ambas as normas — a negativa da ideologia e a positiva da memória básica da Igreja — complementam-se entre si e podem ajudar-nos a manter-nos o mais próximo possível da palavra bíblica, sem descurar os conhecimentos reais que nos podem advir das confrontações do presente.

2. O Testemunho do Novo Testamento sobre a Origem e a Natureza da Igreja

a) Jesus e a Igreja

Admitamos que a mensagem de Jesus não anunciava imediatamente o advento da Igreja, mas do Reino de Deus (ou do "Reino dos Céus"). Isto se comprova estatisticamente no fato de que, das 122 passagens do Novo Testamento que falam do Reino de Deus, 99 pertencem aos evangelhos sinóticos, e destas últimas 90 são diretamente palavras de Jesus. Assim se pode compreender a frase de Loisy que se tornou popular: "Jesus anunciava o Reino, e o que veio foi a Igreja"[6]. Entretanto, uma leitura desses textos sob o ponto de vista histórico nos mostra que esta contraposição entre Reino e Igreja não corresponde à realidade, pois, segundo a concepção judaica, a atividade de reunir e purificar os homens para o Reino faz parte do Reino de Deus. "Justamente se Jesus considerava que o fim estava próximo, ele devia ter tido a intenção de reunir o povo de Deus da era da salvação"[7]. Na profecia posterior ao exílio, o advento do Reino é precedido da chegada do Profeta Elias ou do "anjo" que permanece

13

anônimo e prepara o povo para o Reino. Justamente pelo fato de ser o mensageiro do Messias que se aproxima, João Batista reúne a comunidade escatológica e a purifica. De modo semelhante e precisamente em virtude de sua crença escatológica, a comunidade de Qumran se reuniu como comunidade da Nova Aliança. J. Jeremias o exprime de modo franco: "Devemos levá-lo às últimas consequências: o *único* sentido de toda a obra de Jesus consiste em congregar o povo escatológico de Deus"[8].

Deste povo fala Jesus utilizando muitas imagens, especialmente nas parábolas do crescimento. Mas aqui se toma patente que o "logo" da escatologia do fim próximo, que caracteriza João Batista e Qumran, transforma-se em Jesus no "agora" da cristologia. Ele mesmo é a obra de Deus em ação, sua chegada, seu reinar. O "Reino de Deus" não significa, na boca de Jesus, uma coisa ou algum lugar, mas o agir de Deus no presente. Por isto podemos traduzir diretamente a expressão programática de Mc 1,15: "O Reino de Deus está perto", com: Deus está perto. Surge aqui, outra vez, a conexão com Jesus, com sua pessoa: ele próprio é a proximidade de Deus. Onde está ele, está o Reino de Deus. Neste sentido devemos modificar a frase de Loisy: Prometeu-se o Reino de Deus e veio Jesus. Somente assim compreenderemos corretamente o paradoxo da promessa e do cumprimento.

Mas Jesus, plenamente, nunca se entende como indivíduo isolado. Ele veio, com efeito, para congregar os que estavam dispersos (cf. Jo 11,52; Mt 12,30). Por isto toda a sua obra consiste em reunir o novo povo. Aqui aparecem já dois elementos de grande importância para a compreensão futura da Igreja: o dinamismo do tornarem-se Um, da mútua aproximação através do encontro com Deus, é, para Jesus, específico do novo povo de Deus. E mais ainda: o mais íntimo ponto de reunião deste novo povo é Cristo: este povo só se tornará verdadeiramente povo enquanto for chamado por Cristo e responder à sua chamada, à sua Pessoa. Antes de darmos o próximo passo, eu gostaria de acrescentar ainda mais duas pequenas observações complementares. Entre as muitas imagens que Jesus utiliza para designar este novo povo: rebanho, convidados ao banquete de núpcias, semeadura, casa de Deus, cidade de Deus, existe uma que se destaca como preferida: a da família de Deus. Deus é o Pai da família, Jesus é o dono da casa. Daí se compreende que ele se dirija aos membros deste

14

povo como se fossem crianças, embora sendo adultos, e que esses mesmos comecem a entender o que são a partir do momento em que renunciam à autonomia de sua condição de adultos e se reconhecem como crianças diante de Deus (cf. Mt 10.13-16)[9].

A segunda observação nos encaminha já ao próximo tema: os discípulos pedem a Jesus que lhes ensine uma oração comum, a oração do discipulato. "Com efeito, as orações próprias dos grupos religiosos de então são uma característica essencial de constituírem uma comunidade.[10]" Assim este pedido nos indica que os discípulos têm consciência de haver formado uma comunidade que deriva de Jesus. Eles ali estão como a célula inicial da Igreja, e nos mostram, ao mesmo tempo, que a Igreja é uma comunidade unida essencialmente pela oração – a oração com Jesus, a qual nos proporciona a abertura comum para Deus.

Daqui decorrem naturalmente mais duas consequências. Em primeiro lugar, devemos ter presente que a comunidade dos discípulos não forma um grupo amorfo. Em seu centro se encontra o núcleo claramente definido dos doze, aos quais, segundo São Lucas (10,1-20), se acrescenta ainda o círculo dos setenta ou setenta e dois discípulos.

Observemos que os doze só recebem o título de "apóstolos" depois da ressurreição. Antes dela chamam-se simplesmente "os Doze". Este número que os reúne em uma comunidade claramente delimitada é de tal importância, que é completado outra vez depois da traição de Judas (At 1,15-26). Marcos descreve sua vocação, dizendo expressamente: "e Jesus constituiu Doze" (3,14). Sua primeira missão consiste simplesmente em ser doze, e a ela se acrescentam, logo a seguir, mais duas funções: "para estarem com Ele e para enviá-los" (Mc 3,14). O simbolismo dos Doze é, portanto, de importância capital: é o número dos doze filhos de Jacó, o número das tribos de Israel. Ao formar o círculo dos Doze, Jesus se apresenta como o patriarca de um novo Israel, cuja origem e fundamento os Doze devem ser. Não se poderiam expressar de modo mais claro os inícios de um novo povo, um povo que se forma agora não já por descendência física, mas através do "estar com Jesus", que os Doze recebem e que Ele os envia a transmitir. Aqui também já se pode reconhecer o tema da unidade e da multiplicidade, predominando, porém, completamente, o aspecto do povo novo e uno expresso através da comunidade indivisível dos Doze, que somente como doze realizam o seu simbolismo – a sua missão.

15

O grupo dos setenta ou setenta e dois, do qual São Lucas nos fala, completa este simbolismo: setenta ou setenta e dois era, segundo a tradição judaica (Gn 10; Ex 1,5; Dt 32,8), o número das nações (não judias) do mundo[11]. Atribuía-se a versão grega do Antigo Testamento surgida em Alexandria ao labor de setenta (ou setenta e dois) tradutores, querendo-se expressar que, por meio deste texto grego, o livro sagrado de Israel se transformaria na Bíblia de todas as nações, como aconteceu efetivamente, quando o cristianismo fez sua esta tradução[12]. Os setenta discípulos significam que Jesus reivindica para si toda a humanidade, que deve tornar-se sua discípula: são o sinal de que o novo Israel abrangera todos os povos da terra.

A oração comum que os discípulos receberam de Jesus nos conduz a uma outra pista. Durante sua vida terrena, Jesus tomara parte com os Doze no culto do templo de Israel. O Pai-nosso foi o primeiro ponto de partida de uma comunidade segregada pela oração com Jesus e a partir de Jesus. Na noite anterior à sua paixão, Jesus dá ainda um outro passo decisivo: transforma a páscoa de Israel em um culto totalmente novo, o qual logicamente os separará da comunidade do templo e fundará definitivamente um povo da "Nova Aliança". As palavras da instituição da Eucaristia, seja na tradição de Marcos ou na de Paulo, têm sempre alguma coisa a ver com os acontecimentos da Aliança; remetem ao Sinai e depois à Nova Aliança anunciada por Jeremias. Os sinóticos e o Evangelho de João estabelecem, além disso, ainda que de modo diferente, a relação com o acontecimento da páscoa, e finalmente ressoam as palavras de Isaías sobre o Servo sofredor do Senhor[13]. Com a páscoa e o rito da Aliança do Sinai, são retomados os dois atos Fundantes, pelos quais Israel se tornou um povo e por sua celebração litúrgica sempre de novo se constitui como tal. A ligação deste fundamento cultual, sobre o qual se baseia e do qual vive Israel, com as palavras-chave da tradição profética, funde o passado, o presente e o futuro na perspectiva de uma Nova Aliança. O sentido de tudo isto é claro: "Da mesma forma como o antigo Israel outrora venerava no templo seu centro e garantia de sua unidade e realizava vitalmente essa unidade na celebração comum da páscoa, assim também esta nova refeição deve ser o vínculo de união de um novo povo de Deus. Já não precisa localizar seu centro em um templo exterior... O corpo do Senhor, que é o centro da Ceia do Senhor, é o templo novo e único que funde os cristãos em uma unidade muito mais real do que aquela que um templo de pedra poderia oferecer"[14].

Devemos incluir aqui também uma outra série de textos da tradição dos Evangelhos. "Tanto Mateus como Marcos e também João nos transmitem (ainda que em contextos diferentes) uma frase de Jesus sobre o templo destruído que ele reedificaria em três dias, substituindo-o por um outro melhor (Mc 14,58 e Mt 26,61; Mc 15,29 e Mt 27,40; Jo 2,19; cf. Mc 11,15-19 e paral.; Mt 12,6). Tanto para os sinóticos como para João é claro que o novo templo, 'não feito por mãos humanas', é o corpo glorioso do próprio Jesus..." Isto significa que "Jesus anuncia o término do antigo culto e com ele o do antigo povo eleito e da antiga ordem de salvação, e promete um culto novo e superior, cujo centro será seu próprio corpo glorioso"[15].

Que se segue de tudo isto? A instituição da santíssima Eucaristia na noite anterior à Paixão não pode ser vista como um ato cultual qualquer, mais ou menos isolado. Ela é a conclusão de uma aliança e como aliança é a fundação concreta de um novo povo, que se torna povo por sua relação de aliança com Deus. Poderíamos também dizer: mediante o acontecimento eucarístico, Jesus incorpora os discípulos em sua relação com Deus e com isto também em sua missão, que está dirigida para "os muitos", para a humanidade de todos os lugares e de todas as épocas. Esses discípulos se tornam "povo" através da comunhão no corpo e no sangue de Jesus, que é também comunhão com Deus. A ideia de aliança no Antigo Testamento, que Jesus incorporou em sua pregação, recebe um novo centro: sermos um no Corpo de Cristo. Poderíamos dizer: o povo da Nova Aliança se torna povo a partir do corpo e do sangue de Cristo: é povo somente a partir deste ponto central. Só pode ser chamado "povo de Deus", porque através da comunhão com Cristo se abre a relação para com Deus, que o homem por si só não pode produzir. Antecipando-nos ao que na realidade constitui o nosso tema (a Igreja local e a Igreja universal), podemos dizer que a Eucaristia, enquanto origem e centro permanentes da Igreja, une os "muitos" que agora se tomam povo em união com o único Senhor e seu corpo uno e único, de onde, consequentemente, resultam a unicidade da Igreja e sua unidade. Mas as múltiplas celebrações nas quais se realizará esta única Eucaristia apontam também para a multiplicidade de formas deste único Corpo. É evidente, porém, que não se podem tomar estas múltiplas cele-

17

brações como realidades autônomas, independentes e paralelas entre si, mas sempre e exclusivamente como forma de presença do único e mesmo mistério.

b) A Igreja se designa a si mesma como ἐκκλησία

Depois deste rápido olhar sobre o que fez Jesus para fundar a Igreja, devemos agora nos voltar para a Igreja apostólica nascente. Gostaria de me deter aqui em tomo de duas expressões que nos levam ao núcleo do testemunho apostólico e decorrem da estrutura que acabamos de observar na obra de Jesus: a expressão usada para designar "povo de Deus" e a concepção paulina do "Corpo de Cristo". A expressão "povo de Deus" como tal designa, efetivamente, em o Novo Testamento, quase sem exceção, o povo de Israel e não a Igreja. Para esta última utiliza-se o vocábulo ἐκκλησία que, em seguida, incorporou-se a todas as línguas românicas e passou a ser a denominação peculiar da nova comunidade nascida da obra de Jesus. Por que se escolheu esta palavra? Que expressa esta palavra sobre esta comunidade? Da grande quantidade de material que se acumulou nas investigações sobre esta questão, eu gostaria de destacar aqui apenas uma observação. O termo grego, que continua a viver na palavra latinizada *ecclesia*, tem sua base na raiz qāhāl do Antigo Testamento, que comumente se traduz por "assembleia do povo". Tais assembleias, nas quais o povo se constituía como entidade cultual e, a partir daí, como entidade política e jurídica, existia tanto no mundo grego como no âmbito semita[16].

A qāhāl do Antigo Testamento, porém, diferencia-se da assembleia grega dos cidadãos com direito de voto, por um duplo aspecto: na qāhāl participam também as mulheres e as crianças, que na Grécia não podiam tomar parte ativa nos negócios políticos. Isto tem a ver com o fato de que na Grécia são os homens que decidem o que deve ser feito, ao passo que a assembleia de Israel se reúne "para escutar a palavra de Deus e aceitá-la"[17]. Esta concepção tipicamente bíblica da assembleia do povo parte do fato de que se considerava a assembleia do Sinai como o protótipo de todas as outras assembleias do povo; ela foi novamente celebrada por Esdras depois do exílio, realizando-se, assim, nova fundação do povo. Mas como a dispersão prosseguia e a escravidão voltou, uma nova qāhāl, uma nova reunião e uma nova fundação do povo por parte de Deus, passou a ser um dos pontos centrais da sua esperança. A oração, pedindo que aconteça essa assembleia: que surja a qāhāl-*Ecclesia*, faz parte integrante do conjunto das orações judaicas da época de Jesus[18].

Assim fica claro o que significa o fato de à Igreja nascente se dar o nome de *Ecclesia*. Empregando este termo ela quer significar: eis que em nós se cumpriu este pedido. Cristo, morto e ressuscitado, é o Sinai vivo; os que se aproximam dele constituem a assembleia, escolhida e definitiva, do povo de Deus (cf. p. ex., Hb 12,18-24). A partir daqui entende-se por que não se empregou a expressão genérica "povo de Deus" para designar a nova comunidade, mas escolheu-se a expressão que representava o núcleo escatológico do conceito de povo. Esta nova comunidade só se concretiza na dinâmica da congregação que provém do Cristo e é sustentada pelo Espírito, cujo centro é o Senhor, que se dá em seu próprio corpo e em seu próprio sangue. A autodesignação deste novo povo como *ecclesia* define o povo na continuidade histórico-salvífica da Aliança, e também na novidade do mistério de Cristo aberta para o futuro. Ao dizermos que o termo "aliança" originariamente inclui, em essência, o conceito de "lei", de justiça, devemos dizer então que o centro decisivo é agora a "nova lei", o amor, concretizado em Cristo, em sua entrega e morte na cruz, até suas últimas consequências.

Partindo desta análise, podemos agora compreender também como é amplo o significado do termo *ecclesia* no Novo Testamento. Significa ao mesmo tempo a assembleia cultual, a comunidade local, a Igreja em um âmbito geográfico mais extenso e, finalmente, a única e mesma Igreja de Jesus Cristo. Estes significados transitam de um para o outro sem solução de continuidade, porque todos se firmam no centro cristológico que se concretiza quando os fiéis se reúnem para a Ceia do Senhor. É sempre o Senhor que congrega seu povo único e uno em seu único sacrifício. Em todos os lugares trata-se da reunião daquilo que é uno. Na Carta aos Gálatas Paulo expôs este aspecto da questão com a máxima clareza. Ele remonta à promessa feita a Abraão e constata, com métodos tipicamente rabínicos, que esta promessa, em cada uma das quatro passagens em que nos é transmitida, dirige-se a um ser no singular: "Tua descendência". Daqui conclui São Paulo que não são muitos, mas um único destinatário da promessa. Mas, como este fato se harmoniza com a vontade salvífica universal de Deus? Mediante o batismo, responde Paulo, fomos enxertados no Cristo, em um único sujeito com ele; deixamos de ser múltiplos sujeitos separados, para sermos "um só em Cristo Jesus" (Gl 3,16.26-29). É somente através da autoidentificação de Cristo conosco, é somente ao nos fundirmos nele, que nos tornamos participantes da promessa: a meta suprema da reunião é a unidade total com Ele – o tornar-nos "um" com o Filho, o que importa realmente, por sua vez, entrar na unidade do próprio Deus, a fim de que Deus seja tudo em todos (1Cor 15,28).

c) A Doutrina Paulina da Igreja como Corpo de Cristo

Já não se pode conceber, portanto, a ideia de povo de Deus no Novo Testamento isolada da cristologia. Mas esta, por sua vez, não é uma teoria abstrata, e sim acontecimento concreto nos sacramentos do Batismo e da Eucaristia. Nestes sacramentos, o cristológico se abre para o trinitário, pois somente o Cristo ressuscitado pode ser esta abertura e amplitude infinitas. Dele, porém, afirma São Paulo: "o Senhor é Espírito" (2Cor 3,17). No Espírito dizemos juntamente com Cristo: "Abba", porque fomos feitos filhos (cf. Rm 8,15; Gl 4,6). Sob este aspecto, portanto, Paulo nada cria de novo, quando chama a Igreja "Corpo de Cristo"; apenas oferece uma fórmula sucinta para expressar aquilo que, desde o princípio, caracterizou o surgimento da Igreja. É completamente errado o que se afirma repetidamente: que Paulo apenas aplicou à Igreja uma alegoria muito difundida entre os filósofos estoicos de sua época[19]. A alegoria estoica comparava o Estado a um organismo no qual todos os membros devem operar em conjunto. A ideia de Estado como organismo é uma imagem utilizada para expressar a interdependência de todos em relação a todos e, em consequência, também significar as diferentes funções que fazem existir uma comunidade. Esta ideia foi empregada para apaziguar as massas que se levantavam e para fazê-las retornar às suas funções: cada órgão tem uma importância que lhe é própria e exclusiva; não tem sentido que todos queiram ser iguais, porque assim nem todos poderiam chegar a ser uma realidade mais elevada; pelo contrário, todos se degradariam e se destruiriam reciprocamente.

É indiscutível que Paulo se utiliza de tais ideias, por exemplo, quando diz aos coríntios dissidentes que seria um absurdo se, de repente, o pé quisesse ser mão e os ouvidos quisessem ser olhos: "Se o corpo todo fosse olho, onde estaria o ouvido? Se fosse todo ouvido, onde estaria o olfato? Mas Deus dispôs cada um dos membros no corpo, segundo a sua vontade... Há, portanto, muitos membros mas um só corpo" (1Cor 12,16s.). A ideia de São Paulo sobre o Corpo de Cristo não se esgota, porém, em tais considerações sociológicas e moral-filosóficas; do contrário, o conceito seria apenas uma glosa à margem do conceito de Igreja em sentido próprio. Já no mundo pré-cristão grego e latino o sentido da imagem se ampliara. A ideia de Platão de que o universo inteiro é um corpo, um ser vivo, foi desenvolvida pelos filósofos estoicos e relacionada com a ideia da divindade do mundo. Mas não é disto que nos devemos ocupar aqui. As verdadeiras raízes do pensamento de São Paulo sobre o Corpo de Cristo estão inteiramente dentro da Bíblia. Na tradição bíblica é possível constatar três origens desta ideia.

Em primeiro lugar aparece, como pano de fundo, a concepção semítica da "personalidade corporativa", que se expressa, por exemplo, na ideia de que todos nós somos Adão, isto é, um só homem, ainda que em grande escala. Na época moderna, com sua apoteose do sujeito, esta ideia se tornou completamente incompreensível. O eu se converte em uma fortaleza, última meta. É sintomático que Descartes tenha procurado derivar toda a Filosofia do "eu penso", porque só o eu aparecia em suma ainda como acessível. Atualmente o conceito de sujeito volta a se dissolver paulatinamente; torna-se patente que não existe absolutamente um eu totalmente fechado em si mesmo, mas que penetram em nós e partem de nós as forças mais diversas[20]. Ao mesmo tempo, voltamos a entender que o eu somente se forma a partir do tu, e que ambos se interpenetram. Deste modo será possível ter novamente acesso à visão semítica da personalidade corporativa, sem a qual é muito difícil penetrar na ideia de Corpo de Cristo.

Mas, além desta, existem ainda duas outras raízes mais concretas da fórmula paulina. Uma delas se encontra na Eucaristia, com a qual o próprio Senhor provocou formalmente esta concepção. "O pão que partimos não é a comunhão no Corpo de Cristo? Já que há um só pão, nós, embora muitos, somos um só corpo", diz Paulo aos coríntios, precisamente naquela carta em que ele desenvolve pela primeira vez a doutrina do Corpo de Cristo (1Cor 10,16s.). Encontramos aqui seu verdadeiro fundamento: o Senhor se torna nosso pão, nosso alimento. Ele nos dá o seu corpo: aqui devemos interpretar a palavra corpo à luz da ressurreição e do substrato linguístico semítico do pensamento de São Paulo. O corpo é a individualidade do homem, a qual não se esgota no corporal, mas o inclui. Cristo se entrega a nós, ele que, como ressuscitado, continua sendo também corpo, ainda que de um modo novo. O processo exterior da manducação torna-se a expressão daquela interpenetração recíproca e interior de dois sujeitos, de que já tratamos acima. A comunhão significa que os limites aparentemente intransponíveis do meu eu podem ser e são derrubados, porque o próprio Jesus se abriu totalmente por primeiro, assumiu-nos em si e se entregou inteiramente a nós. A comunhão significa, portanto, uma fusão de duas existências; da mesma forma que, ao se alimentar, o corpo assimila matéria estranha que lhe permite viver, assim também meu eu se "assimila" ao eu de Jesus, faz-se semelhante a ele, num intercâmbio que rompe cada vez mais as linhas divisórias. O mesmo acontece com todos aqueles que comungam; todos eles se assimilam a este "Pão" e se tornam um entre si – um só corpo. Desta forma, a comunhão constrói a Igreja, abrindo as muralhas da subjetividade e congregando-nos em uma comunidade existencial profunda. A comunhão é o processo da "congregação" no qual o Senhor nos aproxima uns dos outros. A fórmula: "a Igreja é o Corpo de Cristo" indica que a Eucaristia, na qual o Senhor nos dá o seu Corpo e nos transforma em seu Corpo, é o lugar em que surge permanentemente a Igreja, o lugar em que Ele a funda sempre de novo; é na Eucaristia que a Igreja se toma ela própria em sua forma mais densa – em todos os lugares e, no entanto, apenas uma, como Ele próprio é apenas um.

Com estas reflexões chegamos à terceira raiz do conceito paulino de Corpo de Cristo: a ideia dos esponsais, ou – se quisermos expressá-lo de forma mais profana – da filosofia bíblica do amor, que é inseparável da teologia eucarística. Esta filosofia do amor aparece já no início da Sagrada Escritura, encerrando o relato da criação, onde se atribuem a Adão as palavras proféticas: "Por isto o homem deixa seu pai e sua mãe e se une à sua mulher, e eles se tornam uma só carne" (Gn 2,24). Uma só carne – ou seja, uma única existência nova. Na Primeira Carta aos Coríntios, Paulo retoma esta ideia do tornarem-se-uma-só-carne através da união corporal-

-espiritual do homem e da mulher, e diz que esta sentença se cumpre na comunhão: "aquele que se une ao Senhor, constitui com Ele um só Espírito" (1Cor 6,17). Novamente convém lembrar que não se deve entender a palavra "espírito" em sentido que lhe é dado modernamente, mas lê-la à maneira de São Paulo; então o seu significado não estará tão longe do significado de "corpo". Ela quer expressar uma única existência espiritual com aquele que se tomou "espírito" na ressurreição por obra do Espírito Santo e continua sendo corpo, "aberto" pela ação do Espírito Santo. Aquilo que desenvolvemos à luz da metáfora do alimento torna-se agora mais transparente e mais compreensível, a partir da imagem do amor inter-humano: no sacramento enquanto ato de amor se opera esta fusão de dois sujeitos que, vencendo o que os separa, se tornam uma só coisa. É precisamente, portanto, na aplicação do conceito dos esponsais que o mistério eucarístico se manifesta como o núcleo do conceito de Igreja e de sua descrição mediante a expressão "Corpo de Cristo".

Mas eis que surge agora um novo e importante aspecto, que poderia passar esquecido no âmbito de uma teologia sacramental por demais estreita: ou seja, que a Igreja é Corpo de Cristo da mesma maneira em que a mulher e o marido são um só corpo ou uma só carne. Ou para dizê-lo de outro modo: a Igreja é corpo, não em uma identidade indiferenciada, mas através do ato real e pneumatológico do amor esponsal. Ou ainda em outros termos: Cristo e a Igreja são um só corpo no sentido em que o marido e a mulher são uma só carne, de tal maneira, portanto, que, mesmo em sua união espiritual e corporal indissolúvel, não se misturam nem se confundem. A Igreja se transforma simplesmente em Cristo, continua a ser a serva que Ele, em seu amor, eleva à condição de esposa, e que busca seu rosto neste final dos tempos. Mas, por detrás do indicativo enunciado nas palavras "esposa" e "corpo", aparece também o imperativo da existência humana: torna-se, portanto, manifesto o caráter dinâmico da realidade sacramental, que não é um dado físico completo, mas acontece de maneira pessoal. É justamente o mistério do amor enquanto mistério esponsal que indica de modo patente que tudo para a Igreja é apelo, mas tudo está ainda sob o risco do fracasso. Através do amor unitivo ela deve permanentemente tornar-se mais aquilo que ela é, e fugir da tentação de apostatar da sua vocação, caindo na infidelidade da autossuficiência. O caráter relacional e pneumatológico de ambos os conceitos: o de corpo de Cristo e o de esposa de Cristo, torna-se patente e, assim, evidencia-se a razão pela qual a Igreja nunca alcançou sua forma definitiva, mas precisa renovar-se constantemente. Está sempre em vias de se tornar uma só coisa com o Cristo, o que inclui sua própria unidade interior. E, inversamente, sua unidade poderá tornar-se tanto mais frágil, quanto mais ela se afastar desta relação fundamental.

3. A Visão da Igreja nos Atos dos Apóstolos

Com estas reflexões, acabamos de tratar apenas de uma pequena, mas – a meu ver – importante parte do testemunho do Novo Testamento sobre a origem e a natureza da Igreja; somente se tivermos presentes estas linhas fundamentais é que poderemos encontrar a resposta correta para as questões levantadas, hoje, em toda parte. O critério para a minha escolha foi o de que, em primeiro lugar, é indispensável tratar de identificar, na medida do possível, o que o próprio Jesus quis para a Igreja. Procurei pôr a descoberto o ponto central do testemunho pós-pascal, estudando a palavra com a qual a comunidade oriunda de Jesus principalmente se denominava: *ecclesia*. A escolha desta palavra foi expressão de uma decisão teológica que responde às intenções fundamentais da pregação de Jesus. Para completar este quadro seria conveniente seguir de perto também outras linhas da tradição do Novo Testamento sobre a Igreja. Muito produtivo seria analisar os Atos dos Apóstolos, que poderíamos denominar, em seu conjunto, como uma eclesiologia narrativa[21]. Mas isto ultrapassaria de muito os limites que nos traçamos. Por isto, para concluir, eu gostaria de observar, muito rapidamente, sem entrar em detalhes, que São Lucas, já no início desta obra fundamental sobre o surgimento e a natureza da Igreja, apresenta sua essência em três magníficos quadros que dizem mais do que se possa encerrar em conceitos.

O primeiro quadro é o da reunião dos discípulos na sala da Última Ceia, reunião esta que congrega os Apóstolos, Maria e toda a pequena comunidade daqueles que acreditavam em Jesus, e a sua perseverança unânime na oração. Cada detalhe desta cena é importante: a sala da Última Ceia, o "andar superior", como âmbito da Igreja nascente; os onze, que são designados pelos seus nomes; Maria, as mulheres e os irmãos: um autêntico qāhāl, uma assembleia de aliança com diversas categorias de pessoas, mas ao mesmo tempo um reflexo de todo o novo povo. Esta assembleia persevera unanimemente na oração e, desta forma, recebe do Senhor a sua unidade. Sua atitude essencial consiste em voltar-se para o Deus vivo e abrir-se para sua vontade. No número 120 se reconhece o número doze, seu caráter sacral e profético, como também seu destino a crescer e a tornar-se grande. Por fim, Pedro entra em ação e, com palavras e obras, dá cumprimento à missão que lhe confiou o Senhor, qual seja a de confirmar os irmãos (Lc 22,32). A reconstituição do círculo dos doze, na escolha de Matias, nos mostra como se entrelaçam a iniciativa própria e a obediência face Àquele que age por primeiro, Deus: a decisão de lançar a sorte nos faz ver que todas as ações da comunidade reunida têm apenas um caráter preparatório. A escolha última e decisiva é deixada à vontade de Deus. Também neste caso, a comunidade continua uma comunidade orante, e não se converte, neste momento, em parlamento, mas nos dá a entender o que seja qāhāl, Igreja.

O segundo quadro se encontra no final do segundo capítulo, onde a Igreja primitiva já constituída é caracterizada mediante quatro conceitos: perseverança na doutrina dos Apóstolos, o que já nos aponta para a sucessão apostólica e para a função testemonial dos sucessores dos Apóstolos; perseverança na comunidade, na fração do pão e nas orações. Poder-se-ia dizer que a palavra e o sacramento aparecem aqui como as duas colunas mestras sobre as quais se apoia o edifício vivo da Igreja. Mas se deve acrescentar que esta palavra se acha ligada à dimensão institucional e à responsabilidade pessoal da testemunha; também se deve acrescentar que, ao se designar o sacramento como "fração do pão", quer-se indicar as implicações sociais da Eucaristia, que não é um ato isolado do culto divino, mas uma forma de existência: a vida partilhada em comunhão com o Cristo que se entrega a si mesmo.

No centro, entre estes dois quadros, São Lucas nos pinta a grande cena do Pentecostes: a fundação da Igreja pelo Espírito Santo em meio à tempestade e ao fogo. Ela não nasce de uma decisão própria; não é produto da vontade humana, mas criatura do Espírito divino. Este Espírito vence o espírito mundano babilônico. A vontade humana de poder, representada por Babilônia, visa à uniformidade, porque o que lhe interessa é dominar e subjugar; por isto, suscita o ódio e a divisão. O Espírito divino, pelo contrário, é amor; por isso, induz ao reconhecimento e cria a unidade, levando-nos a aceitar as diferenças: as inúmeras línguas se compreendem entre si.

Devemos sublinhar aqui dois aspectos que são importantes para nosso tema global. A descrição do Pentecostes nos Atos dos Apóstolos nos mostra o entrelaçamento entre a multiplicidade e a unidade e nos ensina a ver nisto o específico do Espírito Santo em contraposição ao espírito do século. Este espírito subjuga, o Espírito Santo abre. A multiplicidade das línguas faz parte da Igreja e exprime a multiplicidade de culturas que se entendem e se fecundam reciprocamente na fé. Neste sentido, pode-se dizer que aqui foi traçado o projeto de uma Igreja que vive na multiplicidade e multiformidade de igrejas particulares, sem, porém, deixar de ser una. Com esta figura, Lucas nos quer dizer também que a Igreja já é católica, já é a Igreja universal, no momento mesmo do seu nascimento. Lucas exclui, por conseguinte, uma concepção segundo a qual teria surgido primeiramente uma Igreja local em Jerusalém, a partir da qual se teriam formado paulatinamente outras Igrejas locais que, em seguida, se aglutinariam aos poucos. Pelo contrário, diz-nos ele: primeiramente existe a Igreja una, que fala em todas as línguas – a *ecclesia universalis* –, e ela gera igrejas nos mais diversos lugares, que, todas, são realizações da Igreja una e única. A prioridade cronológica e ontológica está da parte da Igreja universal: uma Igreja que não fosse católica não seria absolutamente Igreja.

Lucas entrelaçou a dinâmica histórica desta catolicidade, de maneira muito sutil, em seu relato do Pentecostes e, ao mesmo tempo, antecipou assim toda a abrangência de sua narrativa. Para expressar a catolicidade da Igreja criada pelo Espírito Santo, ele utilizou um antigo esquema de doze nações, presumivelmente de origem helenística, que se aproxima daquelas listas de nações que enumeram os Estados sucessores do império de Alexandre. Lucas enumera estas doze nações e suas línguas como receptoras da palavra apostólica, para depois, porém, sair do esquema, pois acrescenta um décimo terceiro povo: os romanos[22]. Ora, o livro dos Atos dos Apóstolos não foi composto segundo os ditames da historiografia, mas a partir de uma ideia teológica. Expõe o caminho do Evangelho desde os judeus até os pagãos e o cumprimento da missão que Jesus deixou aos seus discípulos de serem suas testemunhas, "até os confins da terra" (1,8). Mas este caminho teológico é retomado, por sua vez, na estrutura geral do livro, no itinerário das testemunhas – especialmente de São Paulo – desde Jerusalém até Roma. Na visão de Lucas, Roma é por excelência o compêndio do mundo pagão. "Ao alcançar Roma, o itinerário iniciado em Jerusalém atinge sua meta; a Igreja universal – católica – se torna realidade, dá continuidade ao povo eleito e assume sua história e sua missão. Neste sentido, Roma, o compêndio das nações, ocupa uma posição teológica nos Atos dos Apóstolos: não se pode excluí-la da ideia lucana de catolicidade"[23]. Por isto, podemos dizer que Lucas antecipa todas as questões essenciais da época pós-apostólica e ao entrelaçar multiplicidade e unidade, universalidade e particularidade, oferece-nos um fio condutor que nos ajudará a compreender nossos problemas à luz do testemunho da origem.

Notas ao capítulo I

1. A escolha destas questões, de entre tantas outras possíveis, foi determinada pela temática do curso para o qual foram escritos os três primeiros capítulos.

2. No final desse movimento, F.M. Braun apresentou sumariamente o seu desenvolvimento, no livro que ainda hoje merece ser lido: *Neues Licht auf die Kirche. Die protestantische Kirchendogmatik in ihrer neuesten Entfaltung.* Einsiedeln – Colônia 1946 [Edição original em francês 1942].

3. Enquanto sei, esta ideia foi desenvolvida pela primeira vez, com toda a clareza, por F. Kattenbusch, *Der Quellort der Kirchenidee*, em: Harnack-Festgabe, 1921, p. 143-172.

4. Cf., p. ex., EVDOKIMOV, P. *L'orthodoxie.* Paris, 1959. • AFANASIEFF, N. et al. *La primauté de Pierre dans l'église orthodoxe.* Neuchâtel, 1960. • Do lado católico: SAIER, O. *"Communio" in der Lehre des Zweiten Vatikanischen Konzils.* Munique, 1973. • TILLARD, J.-M. *Église d'Églises. L'ecclésiologie de communion.* Paris, 1987.

5. A obra de R. Bultmann tornou-se o arquétipo desta interpretação de múltiplas variações: cf., p. ex., *Theologie des Neuen Testaments.* Tübingen, 1958.

6. Esta tese foi adotada, inicialmente, por E. Peterson, em 1929, em seu famoso pequeno tratado: "Die Kirche" (reproduzido em *Theol. Traktate.* Munique, 1951, p. 409-429) e aplicada em sentido católico. Eu próprio devo ter contribuído para sua difusão, tratando dela em minhas preleções e assumindo-a em meu artigo: *"Kirche"*, publicado em LThK, depois de modificada com base em Peterson e Schlier. Infelizmente estas modificações

desapareceram na popularização e a frase recebeu um sentido que nem mesmo corresponde ao significado dado por Loisy; assim, p. ex., em BOFF, L. *Igreja*: carisma e poder. Petrópolis, 1983.

7. JEREMIAS, J. *Neutestamentliche Theologie I*. Gütersloh, 1971, p. 167.

8. Ibid.

9. JEREMIAS, J. *Neutestamentliche Theologie I*. Op. cit., p. 166.

10. Ibid., p. 167.

11. Cf. RENGSTORF, K.H. *Das Evangelium nach Lukas*. 13. ed. Göttingen, 1968, p. 132s.

12. Sobre a importância dos Setenta, cf. GESE, H. *Vom Sinai zum Zion*. 2. ed. Munique, 1984, p. 16s. Sobre sua apreciação no seio do judaísmo, cf. ARON, R. *Die verborgenen Jahre Jesu*. Frankfurt a. M., 1962, p. 209-217.

13. Cf. JEREMIAS, J. *Die Abendmahlsworte Jesu*. Göttingen, 1960. • BETZ, J. *Die Eucharistie in der Zeit der griechischen Vater* – II.1: Die Realpräsenz nach dem Neuen Testament. Friburgo, 1961. • SCHÜRMANN, H. *Traditionsgeschichtliche Untersuchungen zu den Evangelien*. Düsseldorf, 1968, p. 159-247. • SAYES, J.A. *El misterio Eucaristico*. Madri, 1986, p. 3-108.

14. RATZINGER, J. *Das neue Volk Gottes*. Düsseldorf, 1969, p. 79 [Tradução portuguesa: *O novo povo de Deus*. São Paulo, 1974, p. 79].

15. Ibid., p. 79s.

16. Cf. ROST, L. *Die Vorstufen von Kirche und Synagoge im Alten Testament*. Wortgeschichtliche Untersuchungen, 1938 [Reimpressa em 1968]. • SCHMIDT, K.L. "Καλέω, ἐκκλησία". ThWNT III, 1938, p. 487-539. • SCHNACKENBURG, R. *Die Kirche im Neuen Testament*. QD 14. Friburgo, 1961. • SCHLIER, H. "Ekklesiologie des NT". *MySal* IV 1, 1972, p. 101-214 (Lit. 215-221); [edição portuguesa: Vol. IV/1. Petrópolis, 1975, p. 79-181 (Lit. 182-187)].

17. UNION, O. "Ekklesia". *RAC*, 905-921, citação 907.

18. Ibid., p. 910.

19. Sobre este ponto cf. o artigo minudente σῶμα de SCHWEIZER, E. em *ThWT* VI, p. 1.024-1.091.

20. Cf. BAUR, J. *Einsicht und Glaube*. Göttingen, 1978, p. 43s. Esta dissolução da subjetividade se acha tematizada com vigor especial na obra do filósofo tubingense W. Schulz (*Ich und Welt*, 1979; *Metaphysik des Schwebens*, 1985; *Grundprobleme der Ethik*, 1989); breve informação sobre esta questão se encontra em WETZ, T.J. *Tübinger Tríade* – Zum Werk von Schulz. Pfullingen, 1990.

21. Procurei expor alguns elementos do testemunho dos Atos dos Apóstolos em meu livro: *Schauen auf den Durchbohrten*. Einsiedeln, 1984, p. 60s. Cf., ademais, os comentários, particularmente de SCHNEIDER, G. Die Apostelgeschichte 1, 1982; • PESCH, R. "Die Apostelgeschichte". EKK Vol. 1 e Vol. 2, 1986.

22. Cf. SCHNEIDER, G. *Die Apostelgeschichte* 1. Op. cit., I, p. 253s. • PESCH, R. "Die Apostelgeschichte". Op. cit., Vol. 1, p. 105s.

23. RATZINGER, J. *Schauen auf den Durchbohrten*, p. 61.

CAPÍTULO II

O PRIMADO DE PEDRO E A UNIDADE DA IGREJA

A questão do Primado de Pedro e de sua continuidade nos bispos de Roma é certamente o ponto mais cruciante da disputa ecumênica. Mesmo dentro da Igreja Católica, o Primado de Pedro tem sido visto muitas vezes como pedra de tropeço, desde a disputa medieval entre o Império e o Papado, passando pelo movimento em favor de uma Igreja estatal, dos inícios da época moderna, e pelas tendências de separação de Roma do século XIX, até a atual onda de protestos contra a função diretiva do Papa e a forma de exercê-la. Apesar de tudo isto, existe hoje também uma tendência positiva: muitos não católicos aceitam a necessidade de um centro comum do cristianismo. É patente que só um tal ponto central pode representar uma defesa eficaz contra o perigo de uma dependência frente a sistemas políticos e a pressões pretensamente civilizadoras; que só assim a fé dos cristãos pode encontrar uma voz clara na confusão das ideologias. Tudo isto nos obriga, ao tratar deste tema, a escutar com muita atenção o testemunho da Bíblia e a investigar com cuidado especial a fé da Igreja incipiente.

Mais exatamente devemos distinguir entre dois problemas fundamentais. O primeiro pode ser descrito deste modo: Existiu realmente um Primado de Pedro? Como dificilmente se pode negar isto, diante dos dados do Novo Testamento, devemos precisar melhor nossa formulação. Que significa propriamente o Primado de Pedro, atestado de múltiplas maneiras no Novo Testamento? Mais difícil e, sob muitos aspectos, mais decisiva é a segunda questão que devemos nos colocar: É realmente possível justificar uma sucessão de Pedro com base no Novo Testamento? Exige-a o Novo Testamento ou a exclui? E se existe esta sucessão, pode Roma legitimar a pretensão de ser o lugar de sua sede? Comecemos com o primeiro grupo de problemas.

1. A posição de Pedro no Novo Testamento

Seria errado privilegiar apressadamente o testemunho clássico do Primado de Mt 16,13-20. A consideração isolada de um texto único dificulta sempre sua compreensão. Em vez disto, trataremos da questão em círculos concêntricos, indagando, em primeiro lugar, sobre a figura de Pedro no conjunto do Novo Testamento, considerando, em seguida, a imagem de Pedro nos Evangelhos, para penetrarmos, afinal, nos textos que tratam especificamente do Primado.

a) A missão de Pedro no conjunto da tradição neotestamentária

Em primeiro lugar salta-nos aos olhos que todos os grandes textos do Novo Testamento conhecem o tema de Pedro, sendo então este um tema de significado universal, que não pode ser reduzido a uma tradição local ou pessoalmente limitada[1]. Nos escritos paulinos encontramos em primeiro lugar um testemunho importante numa antiga profissão de fé que o Apóstolo nos transmite em 1Cor 15,3-7. Kefas – assim denomina Paulo o Apóstolo de Betsaida, utilizando a forma aramaica da palavra pedra – é apresentado como a primeira testemunha da ressurreição de Jesus Cristo. A este respeito, devemos ter em conta que o apostolado, precisamente também do ponto de vista paulino, é fundamentalmente testemunho da ressurreição de Cristo: o mesmo Paulo, segundo seu próprio testemunho, pode considerar-se como apóstolo em sentido pleno, porque o Ressuscitado lhe apareceu, chamando-o ao apostolado. Assim, pode-se apreciar o peso que tem o fato de que Pedro foi o primeiro que pôde ver o Senhor e foi incluído na confissão de fé, formulada pela comunidade primitiva, como primeira testemunha. Esta circunstância pode ser considerada, de alguma forma, como uma nova investidura no Primado, sua primazia entre os apóstolos. Se acrescentarmos que se trata de uma fórmula muito antiga, anterior a Paulo, que ele nos transmite com grande veneração, como um patrimônio intocável da tradição, então o significado deste texto se torna manifesto.

A combativa Carta aos Gálatas nos mostra Paulo em conflito com Pedro, defendendo sua vocação apostólica própria. É justamente este contexto polêmico que confere ao testemunho da carta sobre

Pedro um significado ainda maior. Paulo vai a Jerusalém, "a fim de conhecer Pedro" – *videre Petrum*, segundo a tradução da Vulgata (Gl 1,18). "Não vi nenhum dos outros apóstolos", acrescenta, "com exceção de Tiago, irmão do Senhor". Mas precisamente a finalidade da visita é exclusivamente encontrar-se com Pedro. Quatorze anos mais tarde, em virtude de uma revelação, se dirige novamente à Cidade Santa, agora em busca das três colunas, Tiago, Kefas e João, desta vez com uma intenção claramente definida. Expor-lhes o seu evangelho, tal como o prega entre os pagãos, "para assegurar-me de não correr ou ter corrido em vão" – uma frase admirável que, tendo-se em conta a autoconsciência do Apóstolo das Gentes e a tendência da carta, possui um grande significado: existe apenas um Evangelho comum, e a certeza de que se prega a verdadeira mensagem depende da comunhão com as colunas. Elas são a medida. O leitor moderno se sente movido a perguntar como é que surgiu este grupo de três e qual é a posição de Pedro entre eles. De fato, O. Cullmann propôs a tese de que Pedro renunciou ao Primado em favor de Tiago, depois do ano 42. Além disso, segundo ele, no Evangelho de João reflete-se a rivalidade entre João e Pedro[2].

Seria interessante investigar estas questões, mas isto nos levaria muito longe. Ao que tudo parece, Tiago exerceu um certo primado sobre os judeu-cristãos, com o centro em Jerusalém. Mas este primado nunca chegou a ter significado para a Igreja universal e desapareceu da História com o ocaso da igreja judeu-cristã. O lugar especial de João era de outro tipo, como se pode depreender do quarto Evangelho. Podemos, portanto, admitir nesta fase da constituição da Igreja um certo primado dos três, no qual, porém, a posição especial de cada um deles tinha motivação diferente e era também de natureza diversa. Por isto, de qualquer maneira que se definir a relação entre as três colunas, a primazia singular de Pedro não foi atingida pela função comum das três colunas e permanece assente que qualquer pregação do Evangelho deve medir-se pela pregação de Pedro. Além disto a carta aos gálatas é um argumento em favor da validez desta primazia, mesmo quando o primeiro apóstolo, em sua conduta pessoal, não pareça à altura de sua missão (Gl 2,11-14).

Se depois destas breves considerações sobre o testemunho paulino passarmos aos escritos de João, neles encontraremos uma forte presença do tema de Pedro em contraponto com a figura do discípulo predileto ao longo de todo o Evangelho, culminando na grandiosa narração da missão de Pedro em Jo 21,15-19. Ninguém menos do que R.

Bultmann declara expressamente que neste texto Pedro "foi encarregado da suprema direção da Igreja"[3], vendo, inclusive, nesta passagem a versão original da tradição retomada em Mt 16; Bultmann considera esta passagem como uma parte de uma antiga tradição anterior a João. Sua tese de que o Evangelho só se interessa pela autoridade de Pedro para reclamá-la para o discípulo predileto, depois de ter ficado vacante, por assim dizer, com a morte de Pedro, não encontra apoio nem no texto nem na história da Igreja. Entretanto, a tese de Bultmann mostra que ninguém pode fugir à questão de saber que sentido têm as palavras de Jesus a respeito de Pedro, depois da morte deste. Para nós interessa aqui unicamente o fato de que tanto a tradição paulina como a tradição joaneia oferecem-nos um testemunho claro da consciência que tinha a Igreja sobre a posição de destaque de Pedro, conferida pelo próprio Senhor.

Por último, em cada um dos Evangelhos sinóticos encontramos tradições independentes a respeito do mesmo tema, o que nos mostra, mais uma vez, que este tema é parte constitutiva fundamental da pregação e está em todas as tradições, no âmbito judeu-cristão, no antioqueno, no âmbito missionário de Paulo e em Roma. Por questão de espaço, devemos renunciar aqui a uma análise de todos os textos importantes, e inclusive a uma consideração da versão de Lucas sobre a entrega do Primado: "Confirma teus irmãos" (22,32), que imprime um acento eclesiológico importante, ao ligar a missão de Pedro com a celebração da Última Ceia. Ao invés disto, gostaria de mostrar, em sentido mais geral, a posição especial conferida a Pedro, mesmo independente de Mt 16, em todos os três Evangelhos sinóticos.

b) Pedro no círculo dos doze apóstolos segundo a tradição sinótica

Em primeiro lugar é preciso constatar, em geral, que se confere a Pedro uma posição especial no círculo dos doze. Forma, juntamente com os dois filhos de Zebedeu, um grupo de três que sobressai no meio dos doze. Somente eles são admitidos em duas ocasiões de especial transcendência: a Transfiguração e o monte das Oliveiras (Mc 9,2s.; 14,33s.). Igualmente os três são as únicas testemunhas da ressurreição da filhinha de Jairo (Mt 5,37). Pedro sobressai também dentre os três: é porta-voz na cena da Transfiguração; é a ele que o Senhor se dirige na agonia do monte das Oliveiras. Em Lc 5,1-11 a vocação de Pedro aparece simplesmente como protótipo da vocação apostólica. É Pedro também que tenta imitar o Senhor andando sobre as águas (Mt 14,28s.); é ele que pergunta, depois da transmissão do poder de ligar e desligar aos discípulos, quantas vezes se deve perdoar (Mt 18,21). Tudo isto é sublinhado pela colocação de Pedro na lista dos discípulos. Ela chegou até nós em quatro versões (Mt 10,2-4; Mc 13,16-19; Lc 6,14-16; At 1,13), as quais discrepam em mais de um aspecto, mas coincidem unanimemente em mencionar Pedro em primeiro lugar. No Evangelho de São Mateus é apresentado, inclusive, com o apelativo de "primeiro" – aparecendo aí pela primeira vez a raiz que posteriormente, na palavra "Primado", torna-se sinônimo da missão especial do Pescador de Betsaida. Objetivamente, trata-se da mesma posição eminente em Mc 1,36 e Lc 9,32, quando os discípulos são mencionados com a fórmula "Pedro e os seus companheiros".

Daí passemos a um segundo aspecto de importância, ao novo nome que Jesus deu ao apóstolo. Como observa o exegeta protestante Schulze-Kadelbach, uma das coisas que se sabe com mais certeza a respeito deste homem é que ele foi chamado de "Rocha", e que esta designação não era seu nome originário, mas o novo nome que Jesus lhe deu[4]. Como já vimos, Paulo utiliza ainda a forma aramaica, que provém dos próprios lábios de Jesus, e chama o Apóstolo "Kefas". O fato de que a palavra foi traduzida e o Apóstolo tenha passado à História com o título grego de "Petrus" comprova inequivocamente que não se tratava de um nome próprio. Não se traduzem nomes próprios[5]. Ora, não era nada excepcional o fato de os rabinos colocarem sobrenomes em seus discípulos; o próprio Jesus fez o mesmo com os filhos de Zebedeu, chamando-os de "filhos do trovão" (Mc 3,17). Mas em que sentido devemos entender este novo nome de Pedro? Com certeza ele não designa o caráter do homem, a quem se aplica perfeitamente a descrição que Flávio Josefo nos deixou do caráter dos galileus: "corajosos, generosos, de confiança, mas facilmente influenciáveis e amigos de novidades"[6]. A denominação "Rocha" não tem nenhum sentido pedagógico ou psicológico; só pode ser entendida a partir do mistério, ou seja, em sentido cristológico e eclesiológico: Simão Pedro se converterá, por encargo de Jesus, naquilo que ele, pela

35

"carne e o sangue", justamente não é. J. Jeremias mostrou que, por detrás desta designação, está a expressão simbólica da rocha sagrada. Um texto rabínico ilustra aquilo de que aqui se trata: "Javé falou: 'Como posso eu criar o mundo para que apareçam estes ateus e me irritem?' Mas quando Deus olhou Abraão, que devia aparecer, disse: 'Eis que eu encontrei uma rocha sobre a qual posso criar e fundamentar o mundo'. Por isto Ele chamou Abraão de rocha: 'Olhai para a rocha de onde fostes talhados'" (Is 51,12)[7]. Abraão, o pai da fé, é, com sua fé, a rocha que se levanta contra as ondas avassaladoras e destrutivas do caos primordial, sustentando assim a criação. Simão, que foi o primeiro a confessar Jesus como o Cristo e a primeira testemunha da Ressurreição, torna-se agora, com a fé de Abraão, cristologicamente renovada, a rocha que se opõe à vaga imunda da incredulidade e da destruição do homem. Assim podemos dizer que, propriamente falando, só na denominação totalmente indiscutível do Pescador de Betsaida como "rocha" já está contida toda a teologia de Mt 16,18, garantindo assim também sua autenticidade.

c) O texto da investidura: Mt 16,17-19

Agora devemos considerar um pouco mais detalhadamente este texto central da tradição sobre Pedro. Considerando-se a importância que tem tido na Igreja a palavra do Senhor sobre o poder de ligar e desligar, não é de estranhar que em sua interpretação se reflitam todo o vaivém das polêmicas confessionais, assim como as flutuações internas da teologia católica[8]. Enquanto a teologia protestante liberal encontrou motivos para contestar a origem destas palavras em Jesus, entre as duas guerras mundiais formou-se um certo consenso também entre os teólogos protestantes, admitindo-se bastante uniformemente que estas palavras se originavam do Senhor. Este consenso rapidamente se desfez no clima teológico que se formou depois da guerra. Não é de estranhar que na atmosfera da época pós-conciliar os exegetas católicos também se tenham distanciado cada vez mais da origem jesuana destas palavras[9]. Procuram-se situações em que se possam enquadrar estas palavras e pensa-se – com Bultmann – na primitiva comunidade palestinense ou em Jerusalém, ou ainda em Antioquia, onde também se procura o lugar de origem do Evangelho de São Mateus. Existem, é verdade, também outras opiniões. Assim, seguindo-as em observações de H. Riesenfeld, recentemente J.-M. von Cangh e M. van Essbroeck submeteram a um novo exame o contexto judaico do relato de São Mateus, e chegaram a resultados altamente consideráveis, que confirmam a grande antiguidade do texto e manifestam em seu conteúdo teológico aspectos até então não conhecidos[10].

Não podemos entrar aqui em todos esses debates, nem precisamos de o fazer, e isto por dois motivos: em primeiro lugar, vimos que a substância do que está dito em São Mateus se reflete em todos os níveis do Novo Testamento, por mais diferentes que sejam, de resto, suas estruturas. Esta unidade da tradição pode-se explicar somente pelo fato de que provém do próprio Jesus. Também não precisamos aprofundar esta discussão para nossa reflexão teológica, porque para aquele que, com a fé da Igreja, lê a Bíblia como palavra de Deus, a validez de uma palavra não depende das hipóteses históricas sobre sua forma primitiva e de sua origem. Quem tiver acompanhado de perto os estudos dos exegetas por um espaço de tempo mais longo sabe como são efêmeras tais hipóteses. Uma palavra bíblica de Jesus não adquire sua validade para a fé, pelo fato de ser reconhecida como tal pela maioria dos intérpretes contemporâneos, nem tampouco perde a sua força, em caso contrário. É válida porque válida é a Sagrada Escritura, que no-la apresenta como palavra de Jesus. Em outros termos: a garantia da sua validez não decorre de construções hipotéticas, por mais fundamentadas que estas possam ser, mas do fato de pertencer ao cânon das Escrituras, garantido, por sua vez, pela fé da Igreja, como palavra de Deus, portanto, como um fundamento seguro de nossa existência.

Isto posto, é naturalmente importante tratar de entender a estrutura e o conteúdo de um texto o mais exatamente possível, utilizando os métodos da reflexão histórica. A principal objeção da época liberal contra a proveniência da vocação de Pedro do próprio Jesus consistia em indicar que aqui se emprega o vocábulo "Igreja" ἐκκλησία, que nos evangelhos só aparece nesta passagem e em Mt 18,17. Como se dava por seguro – segundo vimos no capítulo I – que Jesus não podia ter querido uma Igreja, o uso desta palavra era considerado um anacronismo que denunciava sua criação tardia na Igreja já existente. Diante disto, o exegeta evangélico A. Oepke chamou a atenção para o fato de que toda precaução é pouca com tais estatísticas. Recorda que, por exemplo, em toda a carta de São Paulo aos romanos não aparece a palavra "cruz", embora do cometo ao fim a carta esteja impregnada da teologia da cruz do Apóstolo[11].

Muito mais importante é, portanto, a forma literária do texto, a respeito do qual o indiscutido mestre da teologia liberal, A. Harnack, disse: "Nos Evangelhos são poucas as passagens mais longas em que o fundamento aramaico transparece tão claramente como nesta perícope"[12]. De forma semelhante expressou-se Bultmann: "Não vejo nenhum outro lugar onde existissem as condições necessárias para o seu surgimento, a não ser a comunidade primitiva de Jerusalém"[13] Aramaica é a fórmula introdutória: "Bem-aventurado és tu"; aramaico é o nome não explicado de Barjona, e igualmente os conceitos "portas do inferno", "chaves do Reino dos Céus", "ligar e desligar", "na terra e nos céus". O jogo de palavras com "rocha" (Tu és a rocha e sobre esta rocha...) não funciona completamente em grego, porque seria necessária a mudança de gêneros entre Petros e Petra. Assim, subjaz também aqui a palavra aramaica *Kepha* e escutamos a voz do próprio Jesus[14].

Passemos à sua interpretação, que só pode abordar alguns pontos importantes. Já falamos sobre o simbolismo da rocha e vimos que Pedro aparece aí em paralelismo com Abraão; sua função em relação ao novo povo, a *Ecclesia*, tem – de acordo com a condição deste povo – um significado universal e escatológico. Para entender o caráter de Pedro como rocha, que ele não possui por si mesmo, é conveniente não perder de vista a continuação da narrativa em Mateus. Não foi por impulso "da carne e do sangue" que ele proferiu sua profissão de fé sobre o Cristo em nome dos Doze, mas em virtude de uma revelação do Pai: Em seguida, quando Jesus passa a descrever a figura e o caminho do Cristo neste mundo, ao predizer sua morte e ressurreição, são a carne e o sangue que respondem: Pedro "repreende o Senhor". "Isto jamais te acontecerá" (16,22). Ao que Jesus retruca: "Retira-te da minha frente, satanás; tu és para mim uma pedra de tropeço (skándalon)..." (v. 23). Aquele que, por graça de Deus, está destinado a ser a rocha sobre a qual se apoiará o edifício da Igreja, é, por si próprio, uma pedra no caminho, um objeto de tropeço. Aparece aqui, de forma dramática, a tensão entre o dom que vem do Senhor e as próprias forças; antecipa-se nisto de alguma maneira todo o drama da história dos papas, na qual nos deparamos constantemente com estas duas realidades: a de que o Papado permanece o fundamento da Igreja, por uma força que não provém dele, e a de que, ao mesmo tempo, alguns papas se convertem, a partir de seu próprio ser humano, em pedra de escândalo, por quererem adiantar-se ao Cristo, em lugar de segui-lo; por acreditarem que devem traçar por sua própria lógica o caminho que somente Ele próprio pode fixar: "Não pensas as coisas de Deus, mas as dos homens" (16,23).

Encontramos um paralelismo à promessa de que as potências da morte não poderão prevalecer contra a rocha (ou a Igreja?), na vocação do profeta Jeremias, quando, no início de sua missão, lhe é dito: "Eis que eu te faço hoje como uma cidade fortificada, como uma coluna de ferro, como uma muralha de bronze diante de todo o país: os reis de Judá, os seus príncipes, os seus sacerdotes, e todo o povo do país. Eles lutarão contra ti, mas não poderão prevalecer contra ti, porque estou contigo para te salvar..." (1,18s.). Aquilo que A. Weiser escreveu a respeito desta passagem do Antigo Testamento pode muito bem servir também como interpretação da promessa de Jesus a Pedro: "Deus exige toda a coragem de uma confiança incondicional em seu poder milagroso, quando promete o que parece impossível: transformar o homem débil em uma 'cidade fortificada', em uma 'coluna de ferro' e num 'muro de bronze' para que ele se contraponha sozinho a todo o país e seus poderosos, como se fora uma fortaleza viva de Deus... Não é a intocabilidade do homem 'santo' de Deus que o protegerá,... mas somente a proximidade de Deus, que o 'salva', e seus inimigos não prevalecerão contra ele (cf. Mt 16,18)"[15]. Entretanto, a promessa feita a Pedro é mais ampla do que aquela que o profeta da Antiga Aliança recebeu: contra ele só se levantavam as forças de carne e sangue, contra Pedro levantar-se-ão as portas do Inferno, o poder destruidor dos abismos. Jeremias recebe apenas uma promessa pessoal para seu ministério profético, enquanto a Pedro se faz uma promessa para congregar o novo povo de Deus, que transcende o tempo – uma promessa que ultrapassa o tempo da sua vida própria. Por isto, opina Harnack que aqui se prediz a imortalidade de Pedro e isto é exato até certo ponto: a rocha não será vencida, porque Deus não abandonará sua Igreja às forças de destruição.

O poder das chaves nos recorda a palavra de Deus anunciada a Eliaquim em Is 22,22, ao qual, com as chaves, se concede "o domínio e o poder sobre a dinastia de Davi". Mas também a palavra dirigida pelo Senhor aos escribas e fariseus, aos quais Ele censura a bloquearem o Reino dos Céus (Mt 23,13), ajuda-nos a compreender o conteúdo do encargo confiado pelo Senhor: sendo Pedro administrador fiel da mensagem de Jesus, ele nos abre as portas do Reino dos Céus; compete-lhe a função de guardião, que decide quem entra e quem não pode entrar (cf. Ap 3,7). Destarte, o significado da palavra sobre o poder das chaves se aproxima claramente daquele do poder de ligar e desligar. Esta última expressão foi tomada da linguagem rabínica e significa, por um lado, o poder de tomar decisões doutrinais, e, por outro, o poder disciplinar, ou seja, o direito de impor ou levantar a excomunhão. O paralelismo "na terra e nos Céus" indica que as decisões eclesiais de Pedro valem também diante de Deus – uma ideia que encontramos sob forma similar na literatura talmúdica. Se analisarmos o paralelismo entre esta passagem e a palavra de Jesus ressuscitado, conservada em Jo 20,23, veremos claramente que no fundo o poder de ligar e desligar corresponde ao poder de perdoar conferido à Igreja na pessoa de Pedro (cf. tb. Mt 18,15-18)[17]. Isto me parece de muita importância: no centro da nova missão, que priva de poder as forças de destruição, acha-se a graça do perdão. Esta é constitutiva para a Igreja. Esta se acha fundada no perdão. O próprio Pedro expressa esta realidade em sua pessoa: a ele, que tropeçou mas também confessou e foi contemplado com a graça do perdão, é dado ser o detentor das chaves. A Igreja é, por sua própria natureza, lugar do perdão, de forma que nela o caos é banido. Manter-se-á coesa pelo perdão e disto Pedro será para sempre sinal: não é uma comunidade de perfeitos, mas uma comunidade de pecadores que necessitam e buscam o perdão. Por detrás da palavra do mandato confiado a Pedro transparece o poder de Deus como misericórdia e, portanto, como fundamento da Igreja; por detrás da palavra do poder das chaves ouvimos a palavra do Senhor: "Não são os que têm saúde que precisam de médico, mas os doentes. Eu não vim chamar os justos, mas os pecadores" (Mc 2,17). A Igreja só pode surgir onde o homem encontra sua própria verdade, e a verdade é que ele precisa da graça. Onde o orgulho o impede de ver isto, ele não encontra o caminho que o levará a Jesus. As chaves do Reino dos Céus são as palavras de perdão que nenhum homem, porém, é capaz de pronunciar por si próprio, senão por concessão do poder de Deus. Agora entendemos também por que esta perícope passa imediatamente para o anúncio da Paixão: com sua morte Jesus venceu a morte, quebrou o poder do inferno; assim expiou toda culpa, para que desta morte emane sempre a força do perdão.

2. A questão da sucessão de Pedro

a) O princípio da sucessão em geral

É indiscutível que o Novo Testamento, em todas as suas tradições, conhece o Primado de Pedro. A verdadeira dificuldade só aparece na segunda questão: É possível justificar a ideia da sucessão de Pedro? Mais difícil ainda é uma terceira questão, intimamente ligada à segunda: Pode-se justificar suficientemente a sucessão romana de Pedro? Quanto à primeira questão, devemos primeiramente constatar que não há no Novo Testamento uma afirmação expressa sobre a sucessão de Pedro. Isto não é de estranhar, visto que os Evangelhos e as principais cartas de São Paulo não tratam do problema de uma Igreja pós-apostólica – o que se deve considerar, aliás, como uma prova da fidelidade dos Evangelhos à tradição. Indiretamente, porém, é possível encontrar nos Evangelhos o problema, caso se concorde com o princípio do método da história das formas, segundo o qual só foi registrado como tradição aquilo que era considerado de alguma importância para o presente nos lugares das respectivas tradições. Isto corresponde a dizer, por exemplo, que no final do século I, já bastante depois da morte de Pedro, João não considerava o Primado deste como uma questão do passado mas como algo que permanece atual na Igreja. Muitos, com efeito, acreditam também – talvez um tanto fantasiosamente – perceber na "competição" entre Pedro e o Discípulo predileto um eco das tensões entre a pretensão de Roma ao Primado e a autoconsciência das Igrejas da Ásia Menor. Isto, porém, seria um indício muito antigo e, além disto, intrabíblico, de que se considerava a linha de Pedro continuada em Roma; mas não nos deveríamos apoiar em hipóteses tão pouco seguras. Mais correto me parece, todavia, o princípio segundo o qual as tradições neotestamentárias jamais revelam um simples interesse por meras curiosidades históricas, mas expressam sempre o presente e, neste sentido, resgatam os fatos de seu aspecto de coisas meramente passadas, sem, entretanto, diluir o caráter especial da origem.

Aliás, exatamente entre pesquisadores que negam o princípio da sucessão há alguns que, de outro lado, elaboram hipóteses sobre esta mesma sucessão. O. Cullmann, por exemplo, coloca-se decididamente contra a ideia da sucessão, mas acredita poder demonstrar que Pedro foi substituído por Tiago e que este assumiu o Primado do antigo primeiro apóstolo[18]. Bultmann pensa poder deduzir da menção das três colunas em Gl 2,9 que o caminho percorrido foi o de passar de uma direção pessoal para uma direção colegial, e que um colégio assumiu a sucessão de Pedro[19]. Não necessitamos de discutir estas e outras hipóteses similares; sua fundamentação é bastante fraca. De qualquer maneira, elas nos mostram que é impossível contornar a ideia de uma sucessão, quando se considera a palavra da Bíblia como um espaço aberto para o futuro. Nos escritos do Novo Testamento de finais da primeira geração ou já pertencentes à segunda – sobretudo nos Atos dos Apóstolos e nas Cartas pastorais – o princípio da sucessão assume, de fato, uma forma concreta. A ideia protestante de que a "sucessão" só existe na palavra e não em "estruturas", de qualquer espécie que sejam, revela-se anacrônica à luz da tradição neotestamentária. A palavra está ligada à testemunha, que responde por sua inequivocidade que não é garantida só pela palavra como tal. Mas a testemunha não é um indivíduo isolado. Também não é testemunha por sua própria capacidade nem pela força de sua memória, da mesma forma como Simão não é rocha por suas próprias forças. Ele não é testemunha "pela carne e pelo sangue", mas por sua ligação com o Pneuma, o Paráclito que garante a verdade e abre a lembrança e por sua vez liga a testemunha ao Cristo. Com efeito, o Paráclito não fala por si mesmo, mas toma daquilo que é "seu" (isto é, daquilo que é de Cristo: Jo 16,13). Esta vinculação ao Pneuma e à sua natureza – "não por si mesmo, mas do que tiver ouvido" – é o que, na linguagem da Igreja, chamamos de "sacramento". O sacramento designa a tríplice realidade: palavra-testemunha-Espírito Santo e Cristo, que descreve a estrutura específica da sucessão neotestamentária. Do testemunho das Cartas pastorais e dos Atos dos Apóstolos se pode deduzir com alguma certeza que já na geração apostólica se deu a forma da imposição das mãos a esta recíproca vinculação entre pessoa e palavra, com base na fé na presença do Espírito e de Cristo.

b) A sucessão romana de Pedro

A esta forma de sucessão neotestamentária na qual a palavra está subtraída ao arbítrio humano precisamente em virtude da estreita vinculação entre ela e a testemunha já desde muito cedo se contrapôs um modelo essencialmente intelectualista e anti-institucional, que conhecemos na História sob o nome de Gnose. Aqui a livre interpretação e a especulação sobre a palavra são elevadas à categoria de princípio. Bem depressa o recurso às testemunhas individuais já não era suficiente para enfrentar as pretensões intelectuais desta corrente. Para se saber quais eram as testemunhas autênticas necessitava-se de pontos seguros de referência que se encontravam nas chamadas sedes apostólicas, isto é, naqueles lugares em que os Apóstolos tinham exercido suas atividades. As sedes apostólicas se convertem em pontos de orientação da verdadeira comunhão. Mas, como nos mostra claramente Ireneu de Lião, entre estes pontos de orientação existe ainda uma vez um ponto de referência normativa comum, que é a Igreja de Roma, na qual Pedro e Paulo sofreram o martírio. Qualquer comunidade deve estar em sintonia com ela; ela é a norma por excelência da autêntica tradição apostólica. Aliás, já na primeira redação de sua História da Igreja, Eusébio de Cesareia apresentou-a à luz deste mesmo princípio: como registro da continuidade da sucessão apostólica, concentrada nas três sedes de Pedro: Roma, Antioquia e Alexandria, onde Roma, como lugar do martírio, destaca-se, mais uma vez, sobre as demais sedes de Pedro como a sede normativa[20].

Isto nos leva a uma constatação muito fundamental[21]: o Primado romano, isto é, o reconhecimento de Roma como critério da autêntica fé apostólica, é mais antigo do que o Cânon do Novo Testamento, do que "a Escritura". Aqui devemos precaver-nos de um engano quase inevitável. A "Escritura" é posterior aos "escritos" que a compõem. Durante muito tempo a existência dos escritos isolados não constituía ainda o "Novo Testamento" como Escritura, como Bíblia. A reunião dos escritos em Escritura é antes obra da tradição, que começou no século II e só terminou, de algum modo, entre os séculos IV e V. Harnack, testemunha insuspeita, observa que foi somente no final do século II que se impôs em Roma um Cânon dos "livros do Novo Testamento", tendo por critério sua natureza apostólico-católica, critério este ao qual aderiram pouco a pouco as demais Igrejas "por causa de seu valor intrínseco e por força da autoridade da Igreja romana". Consequentemente, podemos dizer que a Escritura se constituiu enquanto tal através da tradição, a qual tem precisamente por elemento constitutivo neste processo a *potentior principalitas* – o poder originante por excelência – da Cátedra romana.

Com isto duas coisas ficaram claras: que o princípio da tradição em sua forma sacramental de sucessão apostólica foi elemento constitutivo para a existência e continuidade da Igreja. Sem este princípio sequer se pode pensar no Novo Testamento, e se labora em contradição quando se admite um e se nega o outro. Vimos também que em Roma, desde o início, a tradição conservou fielmente a série dos nomes dos bispos como prova da sucessão apostólica. Podemos ainda acrescentar que tanto Roma como Antioquia, como sedes de Pedro, tinham consciência de que continuavam a sucessão da missão de Pedro e que Alexandria, lugar da atividade de Marcos, discípulo de Pedro, desde cedo foi admitida no círculo das sedes de Pedro. Mas o lugar do martírio aparece aí claramente como o detentor principal dos poderes de Pedro e desempenha um papel proeminente no processo de formação da tradição que faz surgir a Igreja e, consequentemente, também no processo da fixação do Novo Testamento como Bíblia. Este lugar do martírio é uma das condições internas e externas essenciais da formação da Igreja e da Escritura. Seria interessante mostrar o papel que teve nesse processo a ideia de que a missão de Jerusalém se transferia para Roma, razão pela qual Jerusalém inicialmente não somente não foi "sede patriarcal" mas nem mesmo metrópole: Jerusalém agora estava em Roma e sua preeminência se transferiu com a ida de Pedro daí para a capital do mundo pagão[22]. Mas considerar tudo isto em detalhes levar-nos-ia muito longe. Penso que o essencial ficou evidente: o martírio de Pedro em Roma fixa o lugar onde sua função continuará. A Primeira Carta de Clemente aos Coríntios nos mostra que já no primeiro século se tinha consciência desta continuidade. Naturalmente seu desenvolvimento e particularização só se deram paulatinamente.

Considerações finais

Terminamos aqui, porque alcançamos o objetivo essencial de nossas reflexões. Vimos que o Novo Testamento em sua totalidade nos mostra de forma impressionante o Primado de Pedro; vimos igualmente que a continuidade do poder primacial de Pedro em Roma era uma das condições internas do processo de formação da tradição e da Igreja. O Primado romano não é uma invenção dos papas, mas um elemento essencial da unidade da Igreja, que remonta ao próprio Senhor e foi desenvolvido com fidelidade no interior da Igreja em formação. Mas o Novo Testamento mostra-nos mais do que o formal de uma estrutura; mostra-nos também sua natureza interna. Ele não constitui apenas um repertório de citações, mas é para sempre a norma e o compromisso. O Novo Testamento mostra algo da tensão entre "pedra de tropeço" (skándalon) e "rocha". Indica-nos que é justamente na desproporção entre as forças humanas e as disposições divinas que devemos reconhecer que é Deus quem está verdadeiramente presente e é quem age. Conquanto a concessão de tal poder aos homens haja podido despertar o receio – amiúde e não sem razão – de que eles usassem abusivamente de tal poder, contudo, não só a promessa neotestamentária como o próprio desenrolar da História mostram o contrário: a desproporção entre os homens e essa função é tão gritante, salta tanto aos olhos, que precisamente na entrega da função de pedra ao homem fica patente que não são os homens que mantêm a Igreja, mas unicamente aquele que faz esta obra, mais apesar dos homens do que por intermédio dos homens. Talvez não haja nenhum outro lugar em que o mistério da cruz esteja tão palpavelmente presente como na realização histórica do Primado na Igreja. O fato de que seu centro seja o perdão é, ao mesmo tempo, sua razão profunda de ser e sinal da natureza específica do poder divino. Cada uma das palavras bíblicas sobre o Primado constitui assim, de geração em geração, uma orientação, uma medida, a qual devemos continuamente nos submeter. O fato de a Igreja se manter firme em sua fé nestas palavras não significa triunfalismo, mas a humildade que reconhece com assombro e gratidão a vitória de Deus sobre a fraqueza humana e mesmo por intermédio dela. Quem esvazia de sua força estas palavras por temor de triunfalismo ou por medo de prepotência humana, não anuncia o Deus maior, mas apouca aquele que mostra seu amor justamente no paradoxo da impotência humana e permanece, assim, fiel à economia da salvação. Portanto, com o mesmo realismo com que hoje mencionamos os pecados dos papas, sua desproporção em comparação com a grandeza de sua missão, devemos também reconhecer que Pedro sempre foi a rocha contra as ideologias, contra a dissolução e redução da palavra nas plausibilidades de uma época, contra a sujeição aos poderosos deste mundo. Ao constatar isto nos fatos da História, não celebramos o homem, mas louvamos o Senhor que não abandona sua Igreja e que quis exercer sua função divina de rocha por intermédio de Pedro, a pequena pedra de tropeço: não são "a carne e o sangue" que salvam, mas o Senhor através daqueles que são de carne e de sangue. Negar isto é não ter mais fé, é não ter mais humildade, mas recusar-se à humildade, que reconhece a vontade de Deus tal qual é. Por isto, no mais profundo, a promessa feita a Pedro e sua realização histórica em Roma serão sempre de novo motivo de alegria: as potências do inferno não prevalecerão contra ela...

Notas ao capítulo II

1. Sobre a figura de Pedro segundo os diversos escritos do Novo Testamento, cf. PESCH, R. *Simon-Petrus*. Stuttgart, 1980, p. 135-152.

2. CULLMANN, O. *Petrus – Jünger – Apostel – Märtyrer*. Zurique, 1952, p. 253 e 259. Esta questão foi retomada demorada e minuciosamente em HENGEL, M. "Jakobus der Herrenbruder – der erste Papst?" *Glaube und Eschatologie* – Festschr. W. Kümmel. Tübingen, 1985, p. 71-104. Sobre a figura de Pedro, segundo Paulo, cf. esp. MUSSNER, F. *Petrus und Paulus –* Pole der Einheit. Friburgo, 1976, p. 77-89 [QD 76].

3. BULTMANN, R. *Das Evangelium des Johannes*. 15. ed. Göttingen, 1957, p. 552, nota 3.

4. SCHULZE-KADELBACH, G. "Die Stellung des Petrus in der Urchristenheit". *Theol. Lit.-Ztg* 81, 1956, p. 1-4, citação na p. 4.

5. CULLMANN, O. "Πέτρος, κῆφας". ThWNT VI, p. 99-112, citação na p. 100.

6. Segundo SCHULZE-KADELBACH. "Die Stellung des Petrus in der Urchristenheit". Op. cit., p. 4.

7. JEREMIAS, J. *Golgotha und der heilige Fels*. Leipzig, 1926, p. 74.

8. Breve visão de conjunto exegético-histórica em CULLMANN, O. *Petrus – Jünger – Apostel – Märtyrer*. Op. cit., p. 176-190.

9. Cf., p. ex., SAND A. *Das Evangelium nach Matthäus*. Regensburg, 1986, p. 333 (Wort des Auferweckten, Wort in die nachösterliche Gemeinde);

cautelosamente na mesma direção: GNILKA J. *Das Mathäusevangelium* II. Friburgo, 1988, p. 77.

10. CANGH, J.M. van & ESBROECK, M. van. "Laprimauté de Pierre (Mt 16,16-19) et son contexte judaique". *Rev. theol. de Louvain* 11, 1980, p. 310-324.

11. OEPKE, A. "Der Herrenspruch über die Kirche Mt 16,17-19 in der neuesten Forschung". *Studia Theologica Lund*, 1948/1950, p. 114; • cf. CULLMANN, O. *Petrus – Jünger – Apostel – Märtyrer.* Op. cit., p. 209.

12. Apud GEISELMANN, J.R. *Der petrinische Primat.* Münster, 1927, p. 9.

13. Ibid. Cf. *Theologie des NT.* 3. ed. Tübingen, 1958, p. 51.

14. A tentativa recente de, C.C. Caragounis (*Peter and the Rock.* Berlim/ Nova York, 1990), no sentido de relacionar as palavras de Jesus sobre a rocha não a Simão Pedro, mas unicamente à sua confissão de fé, é tão incapaz de nos convencer quanto às interpretações mais antigas desse gênero.

15. WEISER, A. *Das Buch Jeremia.* 5. ed. Göttingen, 1966, p. 11.

16. GNILKA, J. *Das Matthäusevangelium.* Op. cit., p. 65, cf. nota 9.

17. GNILKA, p. 66, pretende, por certo, colocar em primeiro plano o poder de ensinar. Entretanto, não posso concordar com ele, quando opina: "Este sentido (= desligar o pecado) não vem ao caso com relação ao nosso *logion*". Em um poder disciplinar, que vale tanto no céu quanto na terra, este aspecto se acha concomitantemente expresso, pelo menos implicitamente.

18. Cf. acima, nota 2.

19. *Die Geschichte der synoptischen Tradition.* 2. ed. 1981, p. 147-151; cf. GNILKA. *Das Matthäusevangelium.* Op. cit., p. 56.

20. Este aspecto se acha minuciosamente exposto em TWOMEY, V. *Apostolikos Thronos.* Münster, 1982.

21. Espero poder desenvolver e fundamentar mais detalhadamente em tempo não muito distante a visão do problema da sucessão que tento indicar de maneira muito sucinta a seguir. Devo importantes estímulos a diversos trabalhos de O. Karrer, especialmente: *Um die Einheit Christen – Die Petrusfrage.* Frankfurt, 1953. • "Apostolische Nachfolge und Primat". In: FEINER;TRÜTSCH & BÖCKLE. *Fragen der Theologie heute.* Friburgo, 1957, p. 175-206. • *Das Petrusamt in der Frühkirche.* In: FESTGABE, J.L. Baden--Baden, 1958, p. 507-525. • "Die biblische und altkirchliche Grundlage des Papsttums". *Lebendiges Zeugnis,* 1958, p. 3-24. Importantes são também algumas contribuições na "Festschrift O. Karrer": ROESLE & CULL-

MANN (orgs.). *Begegnung der Christen.* Frankfurt, 1959. • Especialmente HOFSTETTER, K. *Das Petrusamt in der Kirche des 1. und 2. Jahrhunderts,* p. 361-372.

22. Cf. HOFSTETTER. *Das Petrusamt in der Kirche des 1. und 2. Jahrhunderts,* p. 361-372.

CAPÍTULO III

IGREJA UNIVERSAL E IGREJA PARTICULAR

A missão do bispo

Concretamente de que modo deve a Igreja viver e que forma deve ter para responder à vontade do Senhor? Eis a questão que se nos coloca imperiosamente depois de todas as reflexões precedentes. Podemos dar uma resposta muito simples mas que contém toda a riqueza, como também toda a dificuldade daquilo que é realmente simples. Podemos dizer que a Igreja surgiu quando o Senhor deu o seu corpo e o seu sangue sob as espécies do pão e do vinho, dizendo: Fazei isto em memória de mim. Isto corresponde a dizer que a Igreja é a resposta a este mandato, ao poder e à responsabilidade que lhe são conferidos. A Igreja é Eucaristia. Isto significa que ela promana da morte e da ressurreição, pois a palavra a respeito do corpo que foi entregue teria permanecido uma palavra vazia, não fosse ela antecipação da entrega real na cruz. Sua realização na comemoração sacramental seria culto a um morto, parte de nossa tristeza ante a onipotência da morte, se a ressurreição não tivesse transformado este corpo em "espírito que dá a vida" (1Cor 15,45). Mas de todo o conjunto do Novo Testamento podemos extrair uma segunda resposta que se concentra no nome da Igreja – *Ecclesia*: a Igreja é a assembleia e a purificação, para Deus, dos homens provenientes de todos os quadrantes da terra. As duas respostas juntas descrevem a natureza da Igreja, introduzindo-nos assim na sua práxis. Ambas podem se resumir em uma afirmação: a Igreja é o processo dinâmico de uma unificação ao mesmo tempo horizontal e vertical. É unificação vertical na medida em que une o homem ao amor trinitário de Deus e, assim, integra também o homem em si mesmo e consigo mesmo. Mas como ela conduz o homem à meta para a qual é atraído todo o seu ser, ela se converte necessariamente também em unificação horizontal: somente sob o impulso da unificação vertical é que terá êxito a unificação horizontal, ou seja, o reencontro dos membros da humanidade destroçada. Os Santos Padres resumiram estes dois aspectos – Eucaristia e assembleia – na palavra communio (comunhão), hoje valorizada de novo: a Igreja é comunhão; é comunhão da Palavra e do Corpo de Cristo e assim comunhão dos homens entre si, os quais se tornam um só povo, ou seja, um só corpo, por esta comunhão que lhes é dada de cima e os une a partir de dentro.

1. Eclesiologia eucarística e ministério episcopal

Devemos agora tratar de desenvolver esta resposta fundamental em suas consequências concretas. Partamos do fato de que a Igreja se realiza na celebração eucarística, que é, ao mesmo tempo, presencialização da palavra anunciada. Isto inclui em primeiro lugar o aspecto local: a celebração eucarística se dá em um lugar concreto, com as pessoas que nele vivem. Tem início aqui o processo da unificação (assembleia). Isto significa que a Igreja não é um clube de amigos nem uma sociedade de lazer, na qual se reúnem pessoas com as mesmas inclinações e interesses afins. O chamado de Deus é válido para todos os que se acham nesse lugar; por sua própria natureza a Igreja é pública. Desde o início ela se recusou a se considerar no mesmo nível das associações de culto de caráter particular ou de quaisquer agrupamentos de direito privado. Se ela o tivesse feito, teria gozado de todo o amparo do Direito romano que deixava ampla margem ao setor das organizações de direito privado. Mas ela quis ser pública como o próprio Estado, porque é o novo povo para o qual todos são chamados[1]. Por isto todos os que chegam à fé em um determinado lugar pertencem à mesma Eucaristia: pobres e ricos, letrados e iletrados, gregos, judeus, bárbaros, homens e mulheres – onde o Senhor chama, estas diferenças já não contam (Gl 3,28). É somente tendo isto presente que se entende por que Inácio de Antioquia insistiu tanto na unicidade do ministério episcopal em um determinado lugar e por que vinculou tão enfaticamente a condição de membro da Igreja à comunhão com o bispo. Ele defende o caráter público da Fé e sua unidade contra qualquer fechamento de grupos contra a divisão em raças e classes. O Evangelho de Jesus Cristo exclui, desde o início, e de maneira igualmente taxativa, qualquer racismo e luta de classes. Um só bispo em um só lugar significa que a Igreja é uma só e única para todos, porque Deus é um só e único para todos. Neste sentido a Igreja sempre se vê diante de uma imensa tarefa de reconciliação. Não é Igreja se não reúne os que, por questão de antipatia, não se entendem nem se gostam. É somente graças ao amor daquele que morreu por todos que pode realizar-se esta reconciliação, e é graças a este amor que esta reconciliação se torna obrigatória. A carta aos Efésios vê o profundíssimo significado da morte de Cristo no fato de Ele ter "derrubado o muro de separação" (2,14). Pelo seu sangue derramado Cristo é "nossa paz" (2,13s.). São formulações eucarísticas, que encerram um realismo exigente: ninguém pode beber o sangue "derramado por muitos", se se subtrai à grande comunidade e se fecha em seu grupo. Neste sentido, o "episcopado monárquico" ensinado por Inácio de Antioquia permanece uma forma essencial e irrevogável da Igreja, por ser expressão exata de uma realidade central: a Eucaristia é pública, é Eucaristia de toda a Igreja, do Cristo único. Ninguém tem o direito de procurar sua "própria" Eucaristia. A reconciliação com Deus, que nos é oferecida nela, pressupõe sempre a reconciliação com o irmão (Mt 5,23s.). O caráter eucarístico da Igreja nos remete em primeiro lugar à assembleia local; ao mesmo tempo reconhecemos que o ministério episcopal pertence essencialmente à Eucaristia como serviço à unidade, que necessariamente deriva do caráter sacrifical e reconciliatório da Eucaristia. Uma Igreja entendida eucaristicamente é uma Igreja concebida episcopalmente.

Agora devemos tentar o segundo passo. A redescoberta do caráter eucarístico da Igreja conduziu recentemente a uma forte acentuação do princípio da Igreja local. Alguns teólogos ortodoxos opuseram à eclesiologia romana centralista a eclesiologia eucarística oriental como forma autêntica de Igreja[2]. Em cada Igreja local, afirmam eles, com a Eucaristia está presente o mistério total da Igreja, porque Cristo está totalmente presente; não há nada mais a acrescentar. E neste sentido, concluem eles, a ideia de um ministério petrino é uma contradição. Ela se utiliza de uma forma secular de unidade que se opõe à unidade sacramental expressa na constituição eucarística da Igreja. Por certo, esta eclesiologia eucarística ortodoxa moderna não é tomada no sentido puramente "local" de comunidade local, já que o ponto em torno do qual ela se constrói é o bispo e não o lugar como tal. Se se toma este fato em consideração, então torna-se patente que também para a tradição ortodoxa não basta o ato litúrgico em um determinado lugar para constituir uma igreja; é necessário um princípio complementar.

As questões que aqui ficam pendentes permitem-nos compreender que, desde algum tempo, com a fusão de elementos protestantes, ortodoxos e católicos, estão surgindo novas variações desta ideia, que procuram levá-la às suas últimas consequências. Se a ortodoxia parte do bispo e da comunidade eucarística que ele preside, o ponto central da posição reformista está na palavra: é a palavra de Deus que congrega as pessoas e cria "comunidade". É a proclamação do Evangelho, dizem eles, que suscita a assembleia, e esta assembleia é "Igreja". Ou expresso em outros termos: sob este ponto de vista, a Igreja como instituição não tem propriamente importância teológica. Teologicamente importante é só a reunião da comunidade, porque só a palavra interessa[3]. Hoje em dia se gosta de estabelecer uma relação entre esta ideia de comunidade e o *lógion* de Jesus do Evangelho de São Mateus: "Onde dois ou três estiverem reunidos em meu nome, ali estou eu no meio deles" (18,20). Poder-se-ia quase dizer que esta palavra substitui hoje para muitos o *lógion* da rocha, do poder das chaves, como palavra fundante da Igreja. Atualmente a ideia é que o reunir-se em nome de Jesus gera, por si só, a Igreja. É o ato independente de qualquer instituição, no qual a Igreja renasce constantemente. A Igreja não é entendida em sentido episcopal, mas em sentido congregacionalista. Concluem daí que já não é necessário recorrer exclusivamente à (pregação da) palavra como única constitutiva da Igreja mas, partindo-se desse princípio, tira-se a seguinte conclusão: a assembleia que deste modo converteu-se em comunidade é sujeito de todos os poderes da Igreja, inclusive o poder de celebrar a Eucaristia. A Igreja – afirma-se de bom grado – nasce "a partir de baixo"; ela constrói-se a si mesma. Mas, com esta colocação, perde-se inevitavelmente o seu caráter público e o seu caráter reconciliador universal, que se expressa no princípio episcopal, e que deriva da essência da Eucaristia. A Igreja se converte em um grupo que se mantém unido por seu consenso interno, ao passo que se desmorona a dimensão católica. Não se deve tomar isoladamente a palavra do Senhor sobre a reunião de dois ou três em seu nome. Pois ela não esgota a totalidade daquilo que constitui a realidade da Igreja. Nela, a assembleia, mesmo a união informal de grupos que rezam, tem um significado importante. Mas como princípio gerador da Igreja não basta.

Por isto o Sínodo dos Bispos de 1985 chamou de novo a atenção para a *communio* como ideia-chave para a compreensão da Igreja, exigindo, ao mesmo tempo, um aprofundamento da eclesiologia eucarística, na qual os diversos ofícios do Papa, do bispo, do sacerdote e dos leigos são vistos corretamente em seu conjunto a partir do sacramento do Corpo do Senhor. Essa exigência continua tendo toda a sua atualidade. É relativamente fácil um primeiro passo. A Igreja é Eucaristia, como dissemos. Isto pode ser traduzido mediante a fórmula: a Igreja é comunhão, e comunhão exatamente com todo o Corpo de Cristo. Ou em outros termos: na Eucaristia nunca posso querer comungar somente com Jesus. Ele deu um corpo a si mesmo. Quem comunga com Ele, comunga necessariamente com todos os seus irmãos e irmãs, que se tornaram membros de um único Corpo. Dado o alcance do mistério de Cristo, a *communio* encerra a dimensão do católico. A Igreja, ou é católica, ou não existe.

2. As estruturas da Igreja universal na eclesiologia eucarística

Mas como se expressa isto de modo concreto? Semelhante questão nos leva necessariamente, de novo, à Igreja primitiva. Aquele que a conhece em seu desenrolar histórico logo vê que ela jamais consistiu em uma justaposição estatística de Igrejas locais. A ela pertencem essencialmente múltiplas formas reais de catolicidade. Nos tempos apostólicos se trata sobretudo da figura do próprio apóstolo, que não se reduz ao princípio de Igreja local. O apóstolo não é bispo de uma comunidade mas missionário para toda a Igreja. A figura do apóstolo é a refutação mais forte de qualquer concepção puramente local de Igreja. O apóstolo expressa em sua pessoa a Igreja universal, representando-a, e nenhuma Igreja local pode pretendê-lo exclusivamente para si. Paulo exerceu esta sua função de unidade através de suas cartas e de uma rede de mensageiros. Estas cartas são um serviço católico concreto da unidade, que só se explica a partir da autoridade do Apóstolo na Igreja universal. Se considerarmos a lista de saudações contidas nestas cartas, podemos constatar também a grande mobilidade da sociedade antiga; os amigos de Paulo se encontram por toda a parte. Para eles ser cristão significava pertencer a uma única assembleia de Deus em processo de formação e que se encontra em todos os lugares como a única e a mesma. Ao estudar as hipóteses segundo as quais Tiago, ou um colégio, ou ainda a comunidade em geral sucedeu a Pedro, admira-me que ninguém tenha tido a ideia de atribuir a Paulo a sucessão petrina, visto que afirma na carta aos gálatas: "A mim fora confiado o evangelho dos incircuncisos como a Pedro o dos circuncisos" (2,7). À parte a circunstância de que aqui se exclui claramente a ideia deduzida da mesma carta aos gálatas de que Tiago, ou ainda um colégio, haja sucedido a Pedro, poderíamos concluir que Paulo assumiu o primado exclusivo sobre os pagãos. Na realidade, porém, trata-se de uma repartição dos setores da missão, que foi superada justamente à medida em que se impunha a ideia fundamental de Paulo, a qual suprimiu a diferença entre cristãos originários do judaísmo e do paganismo. Como nos mostram os dados do Novo Testamento em seu conjunto, Pedro foi sempre o traço de união entre os cristãos originários do judaísmo e do paganismo, e esta missão a serviço da Igreja universal foi a concretização do ministério especial que o Senhor lhe confiara. Mas ao mesmo tempo podemos dizer que Paulo, em virtude de sua missão, exercia uma espécie de primado sobre os cristãos oriundos do paganismo, da mesma forma como Tiago pretendia um posto de direção com respeito a todo o cristianismo judaico.

Voltemos à nossa questão. Na época dos Apóstolos era patente o elemento católico na estrutura da Igreja: também as chamadas cartas católicas o prolongam e o confirmam. Pode-se mesmo dizer que o ministério de alcance universal tem claramente a precedência sobre os ministérios locais, tanto que a fisionomia concreta destes últimos permanece totalmente obscura nas cartas paulinas[4]. É de mencionar o fato de que, junto aos Apóstolos, atuava, com uma missão também supralocal, a classe dos profetas, que, na Didaqué, são chamados nada menos que "os vossos sumos sacerdotes" (XIII,3). Somente quando se entendeu isto é que se pode plenamente compreender o alcance da fórmula segundo a qual os bispos são sucessores dos Apóstolos. Na primeira fase eles aparecem como sujeitos responsáveis por uma igreja local sob a autoridade católica dos Apóstolos. O fato de lhes ter sido afinal atribuído também o lugar de Apóstolos no difícil processo de configuração da Igreja dos tempos pós-apostólicos significa que eles agora assumem uma responsabilidade que vai além da dimensão local. Isto quer dizer que a dimensão essencialmente católica e missionária não deve se apagar na nova situação. A Igreja não pode se converter em uma justaposição estatística de Igrejas locais, em princípio autossuficientes; ela deve permanecer "apostólica"; ou, em outros termos: o dinamismo da unidade deve marcar profundamente sua estrutura. Com o distintivo de "sucessor dos Apóstolos" o bispo é elevado acima do meramente local e lhe é conferida a responsabilidade de cuidar com que as duas dimensões – a vertical e a horizontal – mantenham-se unidas.

Mas como é que isto se apresenta na prática? Mostra-se, primeiramente, em uma consciência a respeito da unidade de uma única Igreja em todos os lugares, o que aparece espontaneamente ali onde tendências ao isolamento se fazem notar. Quando, por exemplo, nos séculos IV e V os donatistas começaram a criar uma espécie de Igreja africana particular, que não queria mais estar em comunhão com toda a Igreja católica, Optato de Mileve reagiu decididamente contra esta tendência de formar "duas Igrejas", à qual ele opôs a comunhão com todas as províncias como distintivo da verdadeira Igreja[5]. Agostinho formulou incansavelmente o mesmo pensamento e assim se converteu em mestre da catolicidade: "Estou na Igreja, cujos membros são todas aquelas Igrejas das quais sabemos realmente pela Sagrada Escritura terem surgido e crescido graças à atividade dos Apóstolos. Não renunciarei à sua *communio* nem na África nem em qualquer outro lugar, com a ajuda da graça divina[6]." Já no século II Ireneu havia dito a mesma coisa com ênfase: "A Igreja espalhada pelo mundo inteiro guarda zelosamente esta pregação e esta fé, porque habita por assim dizer numa única casa e em sua fé se assemelha àqueles que têm como que uma só alma e um só coração; ela prega, ensina e transmite a doutrina em uníssono como se tivesse uma só boca. Com efeito, embora no mundo existam diferentes línguas, a força da tradição é uma e idêntica. Não transmitem nem creem diferentemente as Igrejas fundadas na Germânia, ou entre os iberos, ou entre os celtas, ou as do Oriente, nem tampouco as que se encontram no Egito, na Líbia ou no centro do mundo... Pelo contrário, assim como o sol, criatura de Deus, é por toda a terra um só e o mesmo, assim também brilha a luz da proclamação da palavra por toda parte e ilumina todos os homens que querem chegar ao conhecimento da verdade"[7] (Adv. Haer. I,10,2).

Quais eram os elementos estruturais que garantiam esta catolicidade? Naturalmente, antes das estruturas deve-se mencionar o conteúdo sobre o qual insiste a carta aos efésios: "Um só Senhor, uma só fé, um só batismo, um só Deus e Pai..." (4,5s.). As estruturas estão a serviço deste conteúdo. Dissemos anteriormente que a pertença à comunhão como pertença à Igreja é por sua própria natureza universal. Quem pertence a uma igreja local, pertence a todas. Foi desta consciência e para garantir a unidade da communio e traçar claramente as fronteiras em face de grupos pretensiosos e falsos, que surgiram as cartas de comunhão, que se chamavam *litterae communicatoriae, tesserae, symbola, litterae pacis* ou coisa parecida[8]. O cristão que empreendia uma viagem levava consigo uma credencial deste gênero. Com ela encontrava hospedagem em cada comunidade cristã do globo e, como ponto central da hospitalidade, a comunhão no Corpo do Senhor. Graças a estas cartas de paz o cristão se achava realmente em sua casa por toda parte. Para que o sistema pudesse funcionar, os bispos deviam, por sua vez, manter consigo listas das Igrejas mais importantes do orbe, com as quais estivessem em comunhão. "Estas listas serviam como índice de endereços, quando era preciso fornecer passaportes e, por outro lado, os passaportes dos que chegavam eram controlados segundo essas listas"[9].

Vemos aqui o bispo muito concretamente como elo de união da catolicidade. Ele mantém a união com os outros bispos, encarnando assim o elemento apostólico e com ele o elemento católico. Isto se expressa já na sua consagração: nenhuma comunidade pode dar um bispo a si mesma. Uma vinculação tão radical com o local é incompatível com o princípio apostólico, isto é, universal. Isto nos mostra, ao mesmo tempo, o fato mais profundo de que a fé não é um produto nosso e pessoal, mas a recebemos sempre de fora. A fé pressupõe sempre que se cruze uma fronteira: o ir para os outros e o receber dos outros, fato que nos lembra que ela provém do outro, do próprio Senhor. O bispo é consagrado pelo menos por um grupo de três bispos vizinhos; ao mesmo tempo se controla a identidade das fórmulas de fé[10]. Mas naturalmente os bispos vizinhos não bastam: pensemos no raio circunscrito no texto de Santo Ireneu, que abarca intencionalmente os extremos da terra então conhecidos: até a Germânia, de um lado, e até o Egito e o Oriente, do outro. Só quando considerarmos cuidadosamente este ponto é que poderemos evitar um mal-entendido da eclesiologia da *communio*, que se propaga hoje a olhos vistos. Em consequência de uma interpretação moderna unilateral da tradição da Igreja oriental, julga-se dever dizer que não existe na Igreja nenhuma dimensão constitucional acima de cada bispo local. Segundo os que afirmam isto, o único órgão possível da Igreja toda seria o Concílio universal. A Igreja composta de muitos bispos formaria, por assim dizer, o Concílio permanente, tendo alguns chegado inclusive a propor que se considerasse o Concílio como modelo estrutural da Igreja como tal[11]. Tal ideia de Igreja, no entanto, faz desaparecer a responsabilidade universal por toda a Igreja, inerente ao apóstolo, e consequentemente também se reduz o próprio ministério episcopal, de modo que inclusive a própria Igreja local já não se apreende em toda a sua dimensão essencial.

Naturalmente, não é muito fácil, sem se cair imediatamente na suspeita de querer indevidamente privilegiar o papado, apresentar aquele elemento estrutural da Igreja primitiva que transcende a competência do bispo individual. Gostaria de ilustrar o assunto com o caso concreto da controvérsia em torno de Paulo de Samósata, bispo de Antioquia, que, acusado de heresia por uma assembleia de bispos, no ano de 268, foi removido de seu ofício e excluído da comunhão eclesial. O procedimento era tanto mais significativo uma vez que Antioquia era o lugar em que se formara o cristianismo proveniente do paganismo e onde havia começado o emprego do nome de cristãos. A tradição conhecia Antioquia como lugar da atividade missionária de Pedro antes de ir para Roma. Consequentemente, Antioquia era um ponto central de referência para a *communio* entre as Igrejas. Ou em outros termos: a rede universal da *communio* tinha, como já ouvimos, alguns pontos de referência eminentes, que as Igrejas locais circundantes tomavam como critério. Trata-se das sedes apostólicas. Por isto o caso de crise de uma destas sedes principais é particularmente importante: Que acontece quando o próprio ponto de referência vacila? Aqui é de todo evidente que já não basta a simples ajuda das igrejas vizinhas. Com efeito, o que está em jogo aqui é o todo. Por isto o Sínodo dos bispos vizinhos pode votar pela deposição e escolher o sucessor, mas não é ela que confere a essas decisões valor jurídico definitivo. Aqui deve entrar em função a própria Catholica. Consequentemente, os participantes do Sínodo antioqueno naquela ocasião escreveram aos bispos de Roma e de Alexandria e, através deles, aos demais bispos da Igreja Católica: "Vimo-nos obrigados, portanto [...] a escolher um outro bispo em seu lugar para a Igreja Católica [...], isto é, Domnus, que é dotado de todas as qualidades necessárias a um bispo. Levamos isto ao vosso conhecimento, para que lhe escrevais e aceiteis dele as cartas de comunhão"[12]. Isto significa que Domnus não pode ser legitimado apenas pelo Sínodo. Sua posse só se torna efetiva quando os bispos de Roma e Alexandria são inteirados de sua escolha e lhe aceitam as κοινωνικὰ γφάμματα. O caso nem mesmo termina aí. Paulo de Samósata se recusa a entregar os edifícios do culto. Imediatamente os bispos se dirigiram ao imperador (pagão!) Aureliano, o qual decretou que os edifícios fossem entregues àquele "que os bispos da Itália e da cidade de Roma reconhecessem como sendo o legítimo"[13]. O erudito belga B. Botte conclui daí corretamente: "Aos olhos do imperador pagão, portanto, não existiam apenas Igrejas locais, mas uma Igreja Católica, cuja unidade era garantida pela comunhão dos bispos entre si"[14]. As mesmas circunstâncias, que este caso exemplar manifesta para o século III, se comprovam no contexto da controvérsia sobre a data de celebração da Páscoa, no século II[15]. Portanto, o Concílio de Niceia, segundo suas próprias palavras, confirmou apenas uma antiga tradição, quando definiu as primazias de Roma, Alexandria e Antioquia, e quando nelas identificou as articulações da *communio* universal[16]. A justificação dessas três sedes se fundamenta no princípio petrino e é nele também que se encontra a razão pela qual a responsabilidade especial de Roma é o critério da unidade. Da catolicidade de um bispo fazem parte, por conseguinte, não só o princípio da vizinhança, como também a relação viva com Roma, num intercâmbio de dar e de receber na grande comunidade da única Igreja[17].

O canonista protestante R. Sohm disse, certa vez, que no primeiro milênio se entendeu a Igreja como Corpo de Cristo, e no segundo milênio como corporação dos cristãos[18]. Nesta transição do corpo para a corporação, do Cristo para a Cristandade, do sacramento para o Direito, ele vê a verdadeira apostasia que se produziu na virada do primeiro para o segundo milênio e seria esta virada que enfim deu início à Igreja Católica Romana. Em face disto devemos dizer que, certamente, a Igreja se forma, em primeiro lugar, a partir do sacramento e de sua comunhão com o Cristo; ela é o "Corpo de Cristo", mas justamente por isto ela é corporal e é também a corporação dos cristãos. As duas coisas não se excluem, mas se determinam reciprocamente. Enquanto comunhão sacramental no Corpo do Senhor e a partir da palavra do Senhor, ela é uma comunidade de direito sagrado, como no-lo demonstrou penetrantemente E. Käsemann, com base no Novo Testamento[19]. Este "direito sagrado", que promana da palavra e do sacramento, acha-se envolto concretamente em múltiplas formas de direito humano. Ao longo de sua história, a Igreja deverá estar sempre atenta, para que não aconteça que um excesso de estruturas humanas não obscureça o centro espiritual propriamente dito. Importa observar que a ordem da unidade não é uma ordem de direito meramente humano; antes, que a unidade é uma característica central da Igreja e que, por conseguinte, sua expressão jurídica no ministério dos sucessores de Pedro e na necessária relação dos bispos entre si e com o bispo de Roma faz parte do núcleo de sua ordem sagrada, de modo que a perda deste elemento fere o seu específico de "ser Igreja".

3. Consequências para o ministério e a missão do bispo

Em todas as nossas reflexões acerca das relações entre a Igreja universal e as Igrejas particulares encontramos constantemente a figura do bispo como elemento central da constituição da Igreja. Ele encarna a unidade e o caráter público da Igreja local a partir da unidade tanto do sacramento como da palavra, como dissemos. Ele é, ao mesmo tempo, o elo de união com as outras Igrejas locais: da mesma forma que ele responde pela unidade da Igreja no lugar, em sua diocese, assim também lhe cabe a obrigação de mediar a unidade de sua Igreja local com a Igreja universal e única de Jesus e de reavivá-la sempre de novo. Deve velar pela dimensão católica e apostólica de sua Igreja local: estes dois elementos essenciais da Igreja caracterizam singularmente seu ministério, mas se relacionam imediatamente com as duas outras notas: o caráter católico e apostólico está a serviço da unidade, e sem a unidade não existe a santidade, porque sem amor não existe santidade; e porque a santidade se realiza tendendo essencialmente para a integração do indivíduo e dos indivíduos no amor reconciliador do único Corpo de Jesus Cristo. Não é o aperfeiçoamento do próprio eu que opera a santidade, mas a purificação do que é pessoal pela fusão no amor universal de Cristo: é a santidade do próprio Deus trino.

Como se deve agora determinar mais de perto a missão do bispo e a posição da Igreja particular dentro da Igreja universal, a partir destes fundamentos eclesiológicos? Com esta pergunta se abre um campo amplo, pois ela nos conduz ao âmbito da realização histórica; esta se baseia sempre sobre os mesmos fundamentos, mas, confrontada sempre com novos fatos da existência humana, sempre exige novas respostas. Devo me contentar aqui em propor alguns aspectos gerais.

Se devemos definir essencialmente o bispo como sucessor dos Apóstolos, então sua missão se circunscreve com aquilo que a Escritura indica como sendo a vontade de Jesus a respeito dos Apóstolos: Eles foram "constituídos" para que "estejam com Ele", "para os enviar" e "para terem autoridade..." (Mc 3,14s.). O pressuposto fundamental do serviço episcopal é a comunhão interior com Jesus, o estar com Ele. O bispo deve ser testemunha da Ressurreição, isto é, deve estar em contato com o Cristo ressuscitado. Sem esta comunhão com Cristo, sem esta "contemporaneidade" interior com Ele, o bispo se converte em um mero funcionário da Igreja, mas já não é testemunha, já não é sucessor dos Apóstolos. O estar com o Senhor exige interiorização, mas produz ao mesmo tempo participação dinâmica da missão. Efetivamente, o Senhor é, com todo o seu ser, o enviado que desceu dos céus, que fez de seu estar com o Pai um estar com os homens. O ofício episcopal, segundo as categorias clássicas, pertence à vida ativa, mas sua atividade é orientada pela sua inserção na dinâmica da missão de Jesus Cristo. Seu ofício significa, portanto, antes de tudo, levar aos homens o estar com Cristo e, consequentemente, o estar com Deus, e reuni-los neste estar com. Se se confere aos Apóstolos, como terceiro núcleo de sua missão, o poder de expulsar os espíritos malignos, então aqui se torna compreensível o sentido deste mandato: a vinda da missão de Jesus cura e purifica o homem a partir de dentro. Purifica a "atmosfera" do espírito na qual ele vive, graças à entrada do Espírito de Jesus, o Espírito divino. O estar com Deus por meio do Cristo e o levar, a partir de Cristo, Deus aos homens e transformá-los em qāhāl, em assembleia de Deus, tal é a missão do bispo. "Quem não recolhe comigo, dispersa" (Mt 12,30; Lc 11,23): o bispo existe para recolher com Jesus.

Daqui resulta uma segunda consequência: o bispo é o sucessor dos Apóstolos. Só o bispo de Roma é sucessor de um determinado Apóstolo – São Pedro – e, por isto, responsável pela Igreja universal. Todos os outros bispos são sucessores dos Apóstolos, mas não de um determinado; entretanto, eles se acham no colégio que sucede ao Colégio dos Apóstolos e deste modo cada um deles individualmente é sucessor dos Apóstolos. Mas isto significa que este ser sucessor também está ligado ao "ser com" no "nós" dos sucessores. O aspecto "colegial" pertence essencialmente ao ofício episcopal, e é decorrência necessária de sua dimensão católica e apostólica. Este "estar com" assumiu formas diversas no decorrer da história e variará também no futuro, nas diversas maneiras concretas de se realizar. Na Igreja primitiva este "estar com" tinha essencialmente duas formas fundamentais, que ainda hoje nos indicam o essencial, apesar das mudanças concretas pelas quais passaram. Em primeiro lugar está a solidariedade especial dos bispos vizinhos, dos bispos de uma determinada região, que, em um contexto político e cultural comum, procuram um caminho comum para seu ministério episcopal. Daqui surgiram os sínodos (assembleias episcopais) que, na África do Norte de Santo Agostinho, por exemplo, se reuniam duas vezes por ano[20]. Com todo direito se pode compará-los, em certo sentido, com as conferências episcopais, embora naturalmente com a diferença, não subestimável, de que esses sínodos não se baseavam em instituições permanentes. Não havia secretarias, nem uma administração permanente, mas apenas o acontecimento do momento da reunião no qual somente os próprios bispos, com base na sua fé e na sua experiência, tentavam como pastores encontrar respostas para as questões prementes. Deste modo exigia-se a responsabilidade pessoal de cada um, e a busca da consonância na fé, na qual o testemunho comum se convertia em resposta comum. A segunda forma, na qual o "nós" dos bispos se expressa na dimensão do agir, encontra-se na relação com os "primados", com as sedes episcopais orientadoras e seus bispos e, assim, de maneira especial e normativa, com Roma, zelando pela harmonia com o testemunho de fé do sucessor de Pedro[21].

Ao falarmos do "nós" dos bispos, devemos, porém, acrescentar uma segunda dimensão: este "nós" tem valor não apenas sincrônico, mas também diacrônico. Isto significa que não há nenhuma geração isolada na Igreja. No Corpo de Cristo já não vale o limite da morte; nele se interpenetram o passado, o presente e o futuro. O bispo jamais representa apenas a si mesmo e não proclama seus próprios pensamentos; ele é enviado e, como tal, mensageiro de Jesus Cristo. O instrumento que lhe serve de indicador da mensagem é o "nós" da Igreja e precisamente o "nós" da Igreja de todos os tempos. Uma maioria que se formasse em algum lugar contra a fé da Igreja não seria uma maioria. A maioria autêntica da Igreja é diacrônica, abarca todos os tempos, e só quando se prestam ouvidos a esta maioria total é que se permanece em o "nós" apostólico. A fé faz explodir a autossuficiência de épocas isoladas. Enquanto abre cada uma delas à fé de todas as épocas, ela as liberta do desvario ideológico e ao mesmo tempo mantém aberto o futuro. Ser o porta-voz desta maioria diacrônica, da voz da Igreja que une os tempos, é uma das grandes tarefas do bispo, que decorre do "nós" que caracteriza seu ofício.

Acrescentemos ainda brevemente mais dois elementos. O bispo representa a Igreja universal perante a Igreja local, e a Igreja local em face da Igreja universal. Deste modo ele serve à unidade. Não permite que a Igreja local se feche sobre si mesma, mas se abra para o todo, para que as forças vivificantes dos carismas possam circular livremente. Da mesma forma que ele abre a Igreja local em face da Igreja universal, assim também leva à Igreja universal a voz particular de sua diocese, seus dons particulares, suas realizações e seus sofrimentos. Tudo pertence a todos. Cada órgão é importante, e a contribuição de cada um é necessária para o todo. Por isso o sucessor de São Pedro deve entender seu ofício de tal maneira que não sufoque os dons particulares de cada Igreja local, não as submeta a uma falsa uniformidade, mas permita que atuem num intercâmbio vital do todo. Estes imperativos valem para o bispo em seu lugar e valem com tanto mais razão para a direção comum que os bispos exercem por meio do sínodo ou da conferência episcopal. Da mesma forma que, além dos direitos sagrados que provêm do sacramento, o Papa só deve impor aqueles elementos do direito humano que são realmente necessários, assim também devem proceder o bispo e a conferência episcopal em seu próprio âmbito. Estes também devem se resguardar de uniformismo pastoral. Eles também devem seguir as normas de São Paulo: "Não extingais o Espírito... examinai tudo e ficai com o que é bom" (1Ts 5,19.21). Também aqui não deve haver uniformismo nos planejamentos pastorais, mas é preciso criar espaço para a multiformidade, ainda que penosa, dos dons de Deus, naturalmente sempre debaixo do critério da unidade da fé. Não se devem acrescentar mais formas humanas do que as que se fazem necessárias para a tolerância e para a boa convivência.

Por fim, não devemos esquecer que o Apóstolo é enviado sempre "até os confins da terra". Isto quer dizer que a missão do bispo nunca pode esgotar-se em limites intraeclesiais. O Evangelho é sempre válido para todos, e por isto incumbe sempre ao sucessor dos Apóstolos a responsabilidade de levá-lo ao mundo. Isto se entende em dois sentidos, ou seja, que a fé deve ser pregada constantemente àqueles que até aquele presente não puderam reconhecer o Cristo como salvador, e que, além disso, existe também uma responsabilidade em relação às coisas públicas deste mundo. O Estado goza de autonomia perante a Igreja, e o bispo deve reconhecer esta característica do estado e seu direito próprio. Ele evita a confusão entre fé e política e se põe a serviço da liberdade de todos, não permitindo a identificação da fé com uma determinada forma de política. O Evangelho propõe verdades e valores à política, mas não responde a questões concretas particulares da política e economia. Esta "autonomia das coisas terrenas", da qual nos fala o Concílio Vaticano II, deve ser respeitada. Deve também valer entre os membros da Igreja. Só assim a Igreja constitui um espaço aberto da reconciliação entre os partidos; só assim evita tornar-se ela própria um partido. Neste sentido, o respeito pela maturidade dos leigos deve constituir também um aspecto importante do ministério episcopal.

Mas a autonomia das coisas terrenas não é absoluta. Diante das experiências da época dos imperadores romanos, Agostinho dizia que as delimitações entre estado e bandos de salteadores desaparecem, quando não existe um determinado mínimo de ética. O Direito não é um simples produto do Estado; nenhuma lei pode tornar lícito o que é ilícito, como, por exemplo, a matança de criaturas inocentes. Por isto os cristãos têm a missão de manterem viva a percepção da lei inscrita na ordem do mundo. O bispo deve lutar para que os homens não se tornem surdos diante dos apelos fundamentais que Deus gravou no coração de cada um, na natureza do homem e das próprias coisas. São Gregório Magno disse certa vez, de modo certeiro, que o bispo deve ter um "nariz", isto é uma espécie de faro, para distinguir entre o positivo e o negativo[22]. Isto vale dentro da Igreja, como em relação ao mundo. Justamente o respeito pelo caráter próprio da ordem deste mundo exige que a Igreja se apresente também como defensora da criação, onde o rumor do artificial ameaça silenciar a voz da natureza. O bispo deve considerar como sua responsabilidade pessoal o fazer com que as consciências sejam despertadas e que nestas dimensões elementares não surja a impressão de que a Igreja fala só para si mesma. Novamente aqui se apela de forma especial à responsabilidade dos leigos, mas também é evidente que os leigos e os sacerdotes não vivem em dois mundos separados, mas só podem cumprir sua missão em corresponsabilidade pela mesma e única fé.

Tudo isto nos mostra, enfim, que a prontidão para sofrer faz parte do ofício do bispo. Quem o considerasse sobretudo como uma honraria ou como um posto influente não alcançaria a sua essência. Sem prontidão para o sofrimento não se pode cumprir esta missão. É precisamente assim que o bispo está em comunhão com o Senhor; é precisamente assim que ele se vê a si mesmo: como o "servidor de vossa alegria" (2Cor 1,24).

Notas ao capítulo III

1. E. Peterson ressaltou com grande vigor este caráter público da Igreja, à luz da Sagrada Escritura e dos Santos Padres, em *Theologische Traktate*. Munique, 1951.

2. Cf. AFANASIEFF, N. et al. *La primauté de Pierre dans l'Eglise orthodoxe*. Neuchâtel, 1960. • AFANASIEFF, N. et al. *L'Eglise du Saint-Esprit*. Paris, 1975. • ZIZIOULAS, J. *L'Être ecclésial*. Genève, 1981. • CHARKIANAKIS, St. περὶ τὸ ἀλάϑητον τῆς ἐκκλησίας ἐν τῇ ὀρϑοδόξῳ ϑεολογίᾳ. Atenas, 1985; posição conciliatória: PAPANDREOU, D. "La communion ecclésiale – Un point de vue orthodoxe". *Kanon. Jahrbuch der Gesellschaft für die Ostkirchen* VIII, Wien, 1987, p. 15-22.

3. Cf. GLOEGE, G. "Gemeinde". *RGG II* 1325-1329. Não é necessário dizer-se expressamente que, na realidade, as concepções de Igreja e de comunidade no âmbito protestante são múltiplas e variadas; entretanto, a tendência fundamental me parece indicada pelo que acima foi exposto.

4. Sobre este ponto cf. o capítulo seguinte.

5. Cf. RATZINGER, J. *Volk und Haus Gottes in Augustins Lehre von der Kirche*. Munique, 1954, p. 102-123.

6. *Contra Cresconium* III, 35, 39 PL 43, 517.

7. ROUSSEAU A. & DOUTRELEAU, L. (orgs.). *Adv. Haer.* I. 10, 2. Paris, 1979, p. 158s. [Sources chrétiennes 264].

8. Sobre este ponto e o que se segue, cf. a contribuição fundamental de HERTLING, H. "Communio und Primat – Kirche und Papsttum in der christlichen Antike". *Una Sancta* 17, 1962, p. 91-125 [Publicado pela primeira vez em *Miscellanea historiae Pontificiae*, Roma, 1943; desde então reimpresso várias vezes].

9. HERTLING. "Communio und Primat – Kirche und Papsttum in der christlichen Antike". Op. cit., p. 100.

10. Cf. BOTTE, B. "Der Kollegialcharakter des Priester – und Bischofsamtes". In: GUYOT, J. (org.). *Das apostolische Amt.* Mogúncia, 1961, p. 68-91. Sobre este ponto cf. p. 80.

11. Sobre este ponto cf. RATZINGER, J. *Das neue Volk Gottes.* Düsseldorf, 1969, p. 147-170 [Tradução portuguesa: *O novo povo de Deus.* São Paulo, 1974, p. 143-162].

12. EUSÉBIO. *História da Igreja,* II 30, 17 [Tradução alemã por Ph. Haeuser, org. por H. Kraft. Munique, 1967, p. 350].

13. Eusébio VII 30,19.

14. BOTTE. "Der Kollegialcharakter des Priester...", p. 83, nota 10.

15. Cf. COLSON, J. *L'épiscopat catholique* – Collégialité et primauté dans les trois premiers siècles. Paris, 1963, p. 49-52.

16. Cânon VI.

17. Sobre o funcionamento histórico do sistema niceno e do Primado especial de Roma, compreendido em suas deliberações, encontram-se valiosas informações em RICHARDS, J. *Gregor der Grosse*: Sein Leben – seine Welt. Graz, 1983 [Edição original em inglês 1980, especialmente p. 224-234].

18. Sobre Sohm: BÖCKENFÖRDE, W. *Das Rechtsverständnis der neueren Kanonistik und die Kritik Rudolph Sohms.* [Dissertação. Münster em W. 1969].

19. "Sätze heiligen Rechts im Neuen Testament". In: KÄSEMANN, E. *Exegetische Versuche und Besinnungen* II. Göttingen, 1964, p. 69-82.

20. Cf. VOGEL, C. "Unité de l'Eglise et pluralité des formes historiques d'organisation ecclésiastique, du IIIe au Ve siècle". In: CONGAR, Y. & DUPUY, B.-D. (orgs.). *L'épiseopat et l'Eglise universelle.* Paris, 1962, p. 591-636.
• COLSON, J. Op. cit. [Cf. acima, nota 15), p. 39-52].

21. Os "primados", de origem petrina e oriundos de tradição teológica antiquíssima, incluindo em si o primado totalmente singular de Roma, distinguem-se necessariamente da ideia de "patriarcado" desenvolvida em Bizâncio. Inicialmente, Roma rejeitava decididamente essa ideia bizantina, e só com muita hesitação aceitava admitir o título para si mesma. Cf. RICHARDS, J. *Gregor der Grosse*: Sein Leben – seine Welt. Op. cit., p. 228. A mesma questão é tratada detalhada e competentemente em GARUTI, A. *Il Papa Patriarca d'Occidente?* – Studio storico dottrinale. Bolonha, 1990.

22. *Hom. in Ez.* I 11, 7 PL 76,909 A.

CAPÍTULO IV

SOBRE A NATUREZA DO SACERDÓCIO

Considerações preliminares: os problemas

A imagem do sacerdócio católico, tal como foi validamente definida pelo Concílio de Trento e reafirmada e aprofundada pelo Concílio Vaticano II à luz da Bíblia, entrou em crise profunda depois do Concílio. Certamente, o grande número daqueles que abandonaram o sacerdócio, assim como a diminuição dramática das vocações ao sacerdócio em muitos países, não se explicam somente por razões de ordem teológica. Entretanto, todas as outras causas não teriam adquirido tão grande força de penetração, se este ministério não tivesse ficado problemático, a partir de dentro, para muitos sacerdotes e para muitos jovens já em seu tempo de seminário. No clima de abertura criado pelo Concílio, os antigos argumentos da época da Reforma Protestante, em conexão com uma exegese que largamente se inspirava em pressupostos protestantes, adquiriram subitamente uma evidência à qual a Teologia católica não soube contrapor respostas suficientemente fundamentadas. É certo que os textos do Vaticano II incorporaram elementos bíblicos em muito maior número do que o Tridentino. Entretanto as considerações do Vaticano II não foram muito além do contexto tradicional, sendo assim insuficientes para oferecer uma nova fundamentação e uma nova elucidação sobre a natureza do sacerdócio em uma situação mudada. O Sínodo dos Bispos de 1971, os textos da Comissão Teológica Internacional do mesmo ano e uma rica literatura teológica[1] ampliaram consideravelmente o debate, depois disto, de sorte que pouco a pouco se vai tomando possível colher os frutos desta busca e oferecer respostas às novas questões, com base em uma leitura aprofundada dos textos bíblicos.

Mas de que tipo de questões se trata? O ponto de partida nos é dado por uma observação de caráter terminológico: a Igreja nascente não expressou os ministérios que nela se formaram com um vocabulário sacral, mas com um vocabulário profano[2]. Ela não apresenta nenhuma linha de continuidade destas funções com o sacerdócio mosaico. Além disto, durante muito tempo estes ministérios eram muito pouco definidos com designações e formas muito diversificadas sob as quais os encontramos, e somente no final do primeiro século se cristalizou uma forma fixa que, entretanto, permite ainda oscilações. Antes de tudo não se percebe uma função cultual destes ministérios. Em parte alguma eles se acham explicitamente relacionados com a celebração da Eucaristia. Seu conteúdo é principalmente o anúncio do Evangelho, o ministério da caridade fraterna, assim como funções comunitárias de natureza mais pragmática. Tudo isto nos deixa a impressão de os ministérios não terem sido vistos sob o aspecto sacral, mas puramente funcional, sob o simples critério de sua utilidade. Na era pós-conciliar se vinculou quase espontaneamente a estas observações a teoria do cristianismo como fator dessacralizador do mundo, com base na tese de Barth e Bonhoeffer, que absolutizam a oposição entre fé e religião, resultando no caráter a-religioso do cristianismo. O fato de a Carta aos Hebreus dizer enfaticamente que Jesus padeceu fora das portas da cidade, e de nos convidar a sair e ir até Ele (Hb 13,16), tornou-se agora uma espécie de símbolo: a cruz rompeu a cortina do templo; o novo altar se ergue no centro do mundo; o novo sacrifício não é um acontecimento cúltico, mas uma morte inteiramente profana. A cruz aparece, assim, como uma nova e revolucionária interpretação daquilo que o culto unicamente ainda pode ser: só o amor no dia a dia em meio ao caráter profano do mundo, dizem, é o culto divino que corresponde a esta origem.

Tais raciocínios, que nasceram de uma combinação entre Teologia protestante moderna e observações exegéticas, se revelam, quando considerados mais atentamente, como fruto das opções hermenêuticas fundamentais desenvolvidas no seio da Reforma do século XVI. Seu ponto central era constituído por uma leitura da Bíblia que se baseava na oposição entre lei e promessa, entre sacerdote e profeta, entre culto e promessa. As categorias, entre si coordenadas, de lei, sacerdócio e culto foram tomadas como o aspecto negativo da história da salvação: a lei, diziam, conduz o homem à autojustificação; o culto parte da concepção errada de que o homem se acha numa espécie de relação de igualdade com Deus, e de que, mediante a apresentação de uma determinada oferta, pode estabelecer uma relação de direito entre si e Deus, sendo o sacerdócio, por assim dizer, a expressão institucional e o instrumento permanente desta deformação das nossas relações com Deus. A essência do Evangelho, que aparece com toda clareza nas grandes cartas paulinas, consistiria, então, em superar este conjunto deletério de autossuficiência do homem; a nova relação com Deus se baseia inteiramente na promessa e na graça; expressa-se na figura do profeta, a qual, por consequência, é concebida igualmente em oposição ao culto e ao sacerdócio. Aos olhos de Lutero o catolicismo aparece como a restauração sacrílega do culto, do sacrifício, do sacerdócio e da lei e, consequentemente, como negação da graça, como apostasia do Evangelho, como retrocesso de Cristo para Moisés. Esta opção hermenêutica de Lutero marcou radicalmente a exegese crítica moderna; a antítese entre culto e pregação do Evangelho, entre sacerdote e profeta, determina, por toda a parte, os juízos e interpretações dessa exegese. As observações de caráter filológico referidas no início parecem simplesmente confirmar irrefutavelmente este sistema de categorias. Por isto é compreensível que aqueles teólogos católicos que desconheciam estes preliminares, com a problemática de suas opções, sentissem o chão fugir de seus pés, ao se verem confrontados repentinamente com as pretensões científicas da exegese moderna. Parecia de todo claro que a doutrina de Trento sobre o sacerdócio teria sido formulada a partir de pressupostos errôneos e que nem o Vaticano II teria a coragem de nos desvencilhar desta história falha. Mas a lógica interior parecia exigir que se fizesse agora, afinal, aquilo que antes não se ousara fazer, ou seja, abandonar as antigas concepções de culto e sacerdócio, e buscasse uma Igreja que fosse ao mesmo tempo bíblica e moderna, que, decididamente exposta ao profano, se orientasse somente por critérios funcionais.

Aqui, porém, é preciso lembrar que já na época da Reforma existiam, mesmo no interior do luteranismo e nas próprias obras de Lutero, tendências opostas: desde cedo a ordenação não foi vista, de modo nenhum, como uma opção de caráter puramente funcional, revogável em qualquer tempo, mas, no mínimo, em uma certa analogia com o sacramento. Sua conexão com a celebração eucarística não demorou a ser posta em destaque, e bem depressa voltou-se a perceber que a Eucaristia e a pregação não podem ser separadas uma da outra. De qualquer maneira, porém, foi somente da mentalidade do século XX que surgiram os conceitos de radical profanidade do Cristianismo e do caráter não religioso da fé. Para Lutero tais teorias seriam de todo incompreensíveis e inadmissíveis. Por isto, justamente o ramo do protestantismo que remonta a Lutero desenvolveu também uma forte tradição cúltica, cujo aprofundamento na primavera litúrgica do século XX tornou possível a realização de encontros ecumênicos frutuosos[3]. As questões da Reforma que tinham fundamento foram acolhidas aqui, mas também pouco a pouco aguçou-se a percepção daquilo que há de inalienável no catolicismo. A linha "católica" da Teologia protestante ajudou, assim, muitíssimo a superar a unilateralidade de certas interpretações modernas da Bíblia.

1. A fundamentação do ministério do Novo Testamento: o apostolado como participação na missão de Cristo

Trata-se, por conseguinte, de descobrir a novidade do Novo Testamento, de entender o Evangelho enquanto Evangelho e, depois, de ver corretamente também a unidade que existe entre a Antiga e a Nova Aliança, a unidade da obra de Deus. Com efeito, é justamente em sua novidade que a mensagem de Cristo e sua obra são, ao mesmo tempo, cumprimento de tudo o que precedera e manifestação do centro unificador da história de Deus conosco. Se indagarmos em que consiste o centro do Novo Testamento, deparamo-nos com o próprio Cristo. O que existe aí de novo não são propriamente ideias. A novidade é uma pessoa: Deus que se faz homem e atrai o homem para si. Neste sentido, o ponto de partida de nossa questão deve se encontrar na Cristologia. Não é de admirar que a época liberal tenha interpretado a figura de Cristo inteiramente com base em suas próprias premissas, nas quais se refletem, à maneira do século XIX, as categorias descritas. Afirmava-se aí que Jesus teria contraposto o puro *ethos* à religião deformada pelo ritualismo, o indivíduo ao coletivo. Ele aparece como o grande doutrinador da moralidade, libertando o homem das pressões das opressivas forças cultuais e rituais e colocando-o, com sua consciência pessoal, diretamente em presença de Deus[4]. Na segunda metade de nosso século tais ideias se uniam a ideias marxistas: Cristo aparece, então, como o revolucionário do amor que se opõe ao poder escravizador das instituições e morre em luta contra as instituições, particularmente contra o sacerdócio. Aparece como protagonista da libertação dos pobres, tendo como objetivo estabelecer o "Reino", ou seja, a nova sociedade de liberdade e igualdade[5].

A figura de Cristo que encontramos na Bíblia é, pelo contrário, inteiramente diferente. Evidentemente é impossível desenvolvermos aqui uma Cristologia abrangente. O aspecto decisivo para nós é saber que Jesus pretende ter recebido uma missão diretamente de Deus, ou seja, que pretende concretizar a autoridade de Deus em sua pessoa. Ele aparece, em todos os evangelhos, como o detentor de um poder que vem de Deus (Mt 7,29; 21,23; Mc 1,27; 11,28; Lc 20,2; 24,19, et passim). Prega uma mensagem que não foi inventada por Ele próprio. Ele é "enviado", com uma missão que lhe foi confiada pelo Pai. João, ao desenvolver esta ideia com clareza, não faz outra coisa senão confirmar e esclarecer um aspecto que é central também nos sinóticos. É certamente na fórmula de João: *Mea doctrina non est mea...* (7,16), interpretada por Santo Agostinho com tanta profundidade, que o paradoxo da missão de Jesus encontra sua mais clara expressão. Jesus nada possui de próprio paralelamente ao Pai. Ele mesmo está em jogo em sua doutrina, e, por conseguinte, esta fórmula nos diz precisamente que também aquilo que lhe é mais próprio – o seu eu – não lhe é absolutamente próprio. Aquilo que é seu é o que não lhe pertence; nada existe paralelamente ao Pai, mas tudo provém dele e se dirige para Ele. Mas é exatamente em sua autoexpropriação que Ele é totalmente um com o Pai. Seu verdadeiro credenciamento é seu desapego de si; este lhe confere poder definitivo, porque é pura transparência e manifestação da presença de Deus. Deixemos de lado a consideração de que é nesta plena e total entrega do eu ao tu e na coincidência do eu com o tu, que daí resulta, que transparece o mistério da Trindade, tornando-se, ao mesmo tempo, o modelo também de nossa existência. Importante para nós aqui é saber que Jesus cria a nova figura dos Doze, a qual depois da Ressurreição passa a constituir o ministério dos Apóstolos (os "enviados"). Jesus confere sua autoridade aos Apóstolos e, consequentemente, também seu ministério, em estreito paralelismo com sua própria missão: "Quem vos recebe, a mim me recebe", diz Ele aos Doze (Mt 10,40; cf. Lc 10,16; Jo 13,20). Logo nos vem à mente a palavra rabínica: "O enviado de alguém é como se fosse ele próprio". Incluem-se aqui todos os textos nos quais

Jesus confere seu próprio "poder" (sua autoridade) aos discípulos: Mt 9,8; 10,1; 21,23; Mc 6,7; 13,34; Lc 4,6; 9,1; 10,19. No quarto evangelho se processa de modo muito claro o paralelismo entre o envio de Jesus e aquele dos Apóstolos: "Como o Pai me enviou, também eu vos envio" (13,20; 17,18; 20,21)[6].

A importância deste enunciado se nos torna patente, se tivermos presente o que ouvimos acima sobre a estrutura da missão de Jesus, ou seja, de que todo o seu ser é missão, é relação. Isto nos permite entender o significado do seguinte paralelismo:

"O Filho, por si mesmo, nada pode fazer"
(Jo 5,19.30).

"Sem mim nada podeis fazer"
(Jo 15,5).

Este "nada" que os discípulos compartilham com Jesus expressa, ao mesmo tempo, o poder e a impotência do ministério apostólico. Por si mesmos, pelas forças da própria inteligência, da própria vontade, eles são incapazes de fazer aquilo que devem fazer como Apóstolos. Como poderiam eles dizer: "Eu te perdoo os teus pecados"? Como poderiam dizer: "Isto é o meu corpo"? Como poderiam eles impor as mãos e dizer: "Recebe o Espírito Santo"? Nada daquilo que constitui a ação dos Apóstolos é o resultado de suas próprias forças. Mas é justamente este "nada" de seu que constitui a sua comunhão com Jesus, o qual procede também inteiramente do Pai, só existe por meio dele e nele, e simplesmente não existiria, se não procedesse constantemente do Pai e se não se entregasse ao pai. O "nada" de próprio de cada um os insere na comunhão de missão com o Cristo. A este ministério, no qual somos totalmente de um outro, e a este doar, pelo qual transmitimos o que não provém de nós próprios, a Igreja dá o nome de sacramento. Quando dizemos que a ordenação sacerdotal é um sacramento, queremos precisamente significar que este ministro não age por suas próprias potencialidades e qualidades, ele não ocupa este ministério como simples funcionário ou graças a uma particular aptidão ou especial pendor, ou simplesmente porque busca um digno sustento. Aqui não se trata de um *job* com o qual alguém garante sua subsistência graças às suas próprias capacidades, para, em seguida, talvez ascender a uma situação melhor. No sacramento o ministro dá o que ele próprio não é capaz de dar; ele faz o que não provém dele mesmo; ele é portador de uma missão, sendo depositário de algo que outro lhe confiou. Por isto ninguém se pode autoproclamar sacerdote; por isto nenhuma decisão da comunidade pode instituir alguém no sacerdócio. Só do sacramento se pode receber aquilo que é de Deus, a missão de ser mensageiro e instrumento de outrem. Entretanto, é justamente esta entrega de si mesmo a um outro, este distanciar-se e expropriar-se de seu eu, no divino altruísmo deste ministério, que pode converter-se em verdadeiro amadurecimento e realização humana. De fato, aqui nos assemelhamos ao ministério trinitário, ou seja: aqui se realiza a semelhança com Deus, e, consequentemente, se plenifica o modelo fundamental segundo o qual fomos criados. Por termos sido criados segundo o modelo trinitário, vigora em nosso mais íntimo a norma: só poderá encontrar-se a si mesmo quem se perder.

Mas com isto já nos antecipamos um pouco. Seja como for, chegamos a um resultado fundamental e importante. De acordo com o Evangelho, o próprio Cristo comunicou a estrutura de sua missão e de sua existência missionária aos Apóstolos, aos quais conferiu seu poder, vinculando-os, assim, a seu poder. Esta ligação com o Senhor, que capacita o homem a fazer aquilo que não pode, mas que o Senhor realiza, é sinônimo da estrutura sacramental. Neste sentido, a qualificação sacramental da nova forma de missão, que provém de Cristo, é ancorada no cerne da mensagem bíblica, e faz parte deste cerne. Ao mesmo tempo ficou claro que se trata aqui de um tipo inteiramente novo de ministério, que não pode ser derivado do Antigo Testamento, mas só se explica à luz da Cristologia. A função ministerial da Igreja é a expressão da novidade de Jesus e de sua presença contínua através da História.

2. A sucessão dos Apóstolos

Depois deste rápido olhar sobre o ponto de partida cristológico e sobre o centro cristológico do novo ministério, participação no próprio poder da missão de Jesus, devemos nos perguntar: de que modo isto foi assumido na era apostólica? E, antes do mais: que aspecto assume a transição da era apostólica para a era pós-apostólica? De que modo o Novo Testamento reflete a *successio apostolorum* que, ao lado do fundamento cristológico, constitui a segunda coluna mestra da doutrina sobre o sacerdócio da Nova Aliança? Com relação ao primeiro ponto, ou seja, à continuação do começo cristológico na era apostólica, podemos ser muito breves, pois o testemunho dos evangelhos traz uma dupla carga histórica: de um lado encontramos as tradições relativas àquilo que aconteceu no início, na própria atividade de Jesus; do outro lado, porém, encontramos os reflexos daquilo que daí resulta. O que aí se declara sobre o ministério apostólico atesta não só a história do início, como reflete também a maneira como era interpretado o ministério no seio da Igreja nascente. Além disto, porém, temos antes de tudo o testemunho imponente de São Paulo cujas cartas nos permitem, por assim dizer, contemplar o uso prático do apostolado. A passagem mais importante parece ser aquele insistente apelo com que conjura os coríntios: "Somos embaixadores em nome de Cristo e é Deus mesmo quem vos exorta por nosso intermédio. Em nome de Cristo vos suplicamos: reconciliai-vos com Deus" (2Cor 5,20). Aqui aparece claro o caráter representativo e missionário do ministério apostólico que acima aprendemos a entender como a essência do "sacramento". Aqui aparece claramente a autoridade que vem do próprio Deus e que, no Apóstolo que já não se pertence, decorre precisamente do não-falar-em-seu-próprio-nome e que leva Paulo a dizer, um pouco mais adiante: "Somos ministros de Deus". Aqui também encontramos um resumo do conteúdo do ministério apostólico a que Paulo dá o nome de "ministério da reconciliação" (5,18), isto é, da reconciliação com Deus, a qual emana da cruz de Cristo e possui assim caráter sacramental. Paulo pressupõe, portanto, que o homem, por si mesmo, é um "estranho" (Ef 2,12), e que só pela união com o amor crucificado de Jesus Cristo se toma possível vencer esta alienação do homem em relação a Deus e a si próprio, e, enfim, ser reconciliado. A cruz – como no-lo mostra claramente 2Cor 5 – é central neste processo de reconciliação. Como a Cruz faz parte do passado enquanto acontecimento histórico, só pode ser apropriada "sacramentalmente", e não se pode ver em detalhes de que modo isto acontece. Mas se prestarmos atenção ao que nos diz 1Cor, veremos que o Batismo e a Eucaristia são essenciais neste processo e ambos inseparáveis da palavra da pregação que gera a fé, e, por isto mesmo, nos faz renascer. Consequentemente, Paulo nos mostra também claramente que o poder "sacramental" do apostolado é um ministério específico e não define absolutamente a existência cristã como um todo, segundo alguns quiseram concluir, dizendo que os Doze representavam, ao mesmo tempo, o ministério futuro e a Igreja como um todo. O específico do ministério apostólico vem descrito no sentido acima, quando Paulo afirma na Primeira Carta aos Coríntios: "Portanto, considerem-nos os homens como servidores de Cristo e administradores dos mistérios de Deus" (4,1). Aliás é na Primeira Carta aos Coríntios que aparece claramente a autoridade do Apóstolo frente à comunidade, por exemplo quando ele pergunta: "Preferireis que eu vos visite com vara ou com amor e com espírito de mansidão?" (4,21). O Apóstolo que exerce a excomunhão, "a fim de que o espírito seja salvo no dia do Senhor" (5,5), e que se mostra pronto, quando necessário, a vir também "com vara", nada tem a ver com o ideal da anarquia pneumática que alguns teólogos quiseram extrair apressadamente da Primeira Carta aos Coríntios como imagem ideal da Igreja[7].

As cartas paulinas, portanto, confirmam e precisam aquilo que aprendemos dos evangelhos, ou seja, a função dos "ministros da Nova Aliança" (2Cor 3,6) é estruturalmente cristológica e, por isto, deve ser entendida em sentido sacramental. Elas nos mostram o Apóstolo como depositário de uma autoridade que vem de Cristo, em confronto com a comunidade. Nesta posição do Apóstolo frente à comunidade é continuada a relação de Cristo com o mundo e com a Igreja, ou seja, aquela estrutura dialógica que é intrínseca à natureza da revelação. A fé não é algo que inventamos por nós mesmos. O homem não se faz cristão pela reflexão ou por um simples desempenho moral. Ele só se torna cristão a partir de fora: mediante um dom que só lhe pode advir de um outro, ou seja, a partir do tu de Cristo, no qual ele encontra o Tu de Deus. Quando desaparece esta confrontação enquanto expressão da original exterioridade da graça, destrói-se a estrutura essencial do cristianismo. Uma comunidade que se constitui a si mesma em comunidade já não reflete o ministério dialógico da revelação e já não visibiliza o dom da graça que nos advém de fora e que sempre só pode ser recebido. O estar "frente a frente" entre o dom e aquele que o recebe faz parte de cada sacramento; também faz parte da palavra de Deus: a fé não nos vem da leitura, mas da escuta. A palavra da pregação na qual sou interpelado por um outro faz parte da estrutura do ato de fé.

75

Agora, porém, devemos dar mais um passo e nos perguntar: Este ministério dos Apóstolos continua depois de sua morte? Existe uma "sucessão apostólica", ou esta missão é única e irrepetível como a vida, morte e ressurreição do Senhor? A estas questões veementemente discutidas podemos oferecer apenas algumas considerações. Em primeiro lugar, observemos que, nos primeiros tempos, somente o ministério apostólico apresentava uma fisionomia claramente definida, e foi somente na teologia de Lucas que se processou a limitação do título de apóstolo ao círculo dos Doze. Paralelamente se encontram ministérios de natureza distinta, ainda sem formas e sem nomes fixos, certamente muito diversos entre si, de acordo com as respectivas situações locais. Existem ministérios primordialmente supralocais, como o do profeta e do doutor. Paralelamente se encontram funções ligadas a lugares, designadas pelo vocábulo presbítero, no âmbito judeu-cristão, certamente em conexão com a constituição da sinagoga, ao passo que, para o âmbito gentílico-cristão, a primeira vez que aparece a ligação "epíscopos e diáconos" é na Carta aos Filipenses (1,1). A explicação teológica deste fenômeno amadurece lentamente. Encontra sua forma essencial na fase de transição para a era pós-apostólica.

Este processo de clarificação se reflete de múltiplas maneiras no Novo Testamento. Eu gostaria de ilustrá-lo aqui com dois textos que me parecem particularmente importantes e esclarecedores. Refiro-me, antes de tudo, ao discurso de despedida de São Paulo em Mileto, formulado por Lucas como o testamento do Apóstolo; para esta ocasião Paulo tinha chamado os presbíteros de Éfeso. O texto exprime uma investidura formal na sucessão: "Sede solícitos por vós mesmos e por todo o rebanho, sobre o qual o Espírito Santo vos constituiu epíscopos, para apascentardes a Igreja de Deus que ele adquiriu com seu próprio sangue" (20,28). Identificam-se aqui os vocábulos "presbíteros" e "epíscopos" e equiparam-se ofícios judeu-cristãos e gentílico-cristãos, definidos indiferenciadamente como um ministério da sucessão apostólica. Diz este texto que é o Espírito Santo quem investe neste ministério: não se trata de uma delegação da comunidade que confia funções comunitárias a alguns por razões meramente utilitárias; trata-se, pelo contrário, de um dom do Senhor, que nos dá aquilo que só Ele nos pode dar. Trata-se de um ministério "sacramental", por ser conferido pneumaticamente. Trata-se, enfim, da continuação da missão confiada aos Apóstolos, para apascentarem o rebanho de Deus, ou seja, trata-se, consequentemente, da recepção do ministério pastoral de Jesus Cristo. E é bom lembrar que é a missão de pastor que leva o Cristo até a cruz: o Bom Pastor dá a vida pelas suas ovelhas. A estrutura apostólica nos leva de volta ao centro cristológico. Por isto antes da exata definição do alcance de cada um dos ministérios judeu-cristãos e gentílico-cristãos, antes da unificação terminológica, pode-se constatar uma segunda e mais importante nota: por sua natureza espiritual, o ministério dos presbíteros e dos epíscopos é idêntico ao dos Apóstolos. O princípio da sucessão apostólica é formulado com essa identificação. Em seguida tal identificação é ulteriormente precisada graças a uma decisão de ordem terminológica, introduzida por Lucas: ao limitar o conceito de apóstolo aos Doze, ele distingue a índole irrepetível da origem e o que permanece na sucessão. Neste sentido o ministério dos presbíteros e dos epíscopos é em algo diferente do apostolado dos Doze. Os presbíteros-epíscopos são sucessores, mas não propriamente apóstolos. O início irrepetível e a perpetuidade são intrínsecos à estrutura da revelação e da Igreja. O poder de reconciliar, de apascentar e de ensinar, essencialmente cristológico, se perpetua inalteradamente nos sucessores, mas estes só são sucessores, no verdadeiro sentido, se "perseveram na doutrina dos Apóstolos" (At 2,42).

Estes princípios se acham formulados de maneira talvez ainda mais abrangente na advertência aos presbíteros na Primeira Carta de Pedro (5,1-4): "Aos presbíteros que estão entre vós, exorto eu, seu copresbítero e testemunha dos sofrimentos de Cristo e participante da glória que há de ser revelada. Apascentai o rebanho de Deus que vos foi confiado, cuidando dele não por coação, mas de livre vontade, segundo Deus, nem por torpe lucro, mas por devoção, nem como senhores daqueles que vos foram confiados, mas antes como modelos do rebanho. Assim, ao aparecer o supremo Pastor, recebereis a coroa imarcescível da glória". Encontramos aqui, mais uma vez, já no início, um processo importante de identificação: o Apóstolo designa-se a si mesmo com o título de copresbítero, operando-se, deste modo, uma identificação teológica entre o ministério apostólico e a função presbiteral. Transfere-se, assim, toda a Teologia do apostolado, que consideramos na primeira parte, para a função presbiteral, e se cria destarte uma Teologia verdadeiramente neotestamentária do sacerdócio. Esta ligação de conteúdos é decisiva na história da Igreja: este texto subentende o fato da sucessão; é, por assim dizer, a *sucessio apostólica* realizada.

Mas neste pequeno texto é possível identificar também um outro e importante processo teológico, se o lermos no contexto de toda a carta. Como no discurso de despedida de Mileto, também aqui o conteúdo da missão apostólica e sacerdotal é resumido na palavra "apascentar, ou seja, é definido a partir da figura do pastor. Devemos, contudo, acrescentar que Pedro, no final do segundo capítulo (2,25), designa o Senhor como "pastor e bispo (ἐπίσκοπον) de vossas almas", e volta, mais uma vez, a este ponto, em nosso texto, quando o chama de pastor supremo (ἀρχιποιμήν). O termo "epíscopos", antigamente de âmbito profano, é agora identificado com a imagem do pastor e se torna assim um título verdadeiramente teológico, mediante o qual a Igreja nascente desenvolve sua própria e nova sacralidade. Ao fazer a ligação do sacerdote com o apóstolo através do termo copresbítero, Pedro o liga ao Cristo Pastor, mediante o termo epíscopos, vigilante, encerrando, assim, tudo na Cristologia. Neste sentido podemos dizer, com toda precisão, que existia no Novo Testamento, no final da era apostólica, uma Teologia já constituída do sacerdócio neotestamentário, que foi entregue às mãos fidelíssimas da Igreja e fundamenta para sempre a identidade inalienável do sacerdote em meio às vicissitudes da História.

3. Sacerdócio comum e sacerdócio particular – Antigo e Novo Testamento

Resta ainda a questão de saber de que modo este ministério sacerdotal, derivado da missão de Cristo, se relaciona com o sacerdócio comum na Igreja da Nova Aliança. Existem dois textos do Novo Testamento que nos falam do sacerdócio comum: a antiga catequese batismal que chegou até nós no capítulo segundo da Primeira Carta de Pedro, e as palavras de saudação dirigidas às sete comunidades e com as quais João abre o Apocalipse (1Pd 2,9; Ap 1,6). As fórmulas usadas são citações extraídas do Êxodo (19,6), ou seja, palavras divinas dirigidas a Israel, o povo assumido por Deus na Aliança do Sinai, recebendo, assim, em meio às nações que não conhecem a Deus, a vocação de estabelecer o verdadeiro culto a Deus. Enquanto povo eleito, ele deve ser o lugar da verdadeira adoração e, assim, e por via de consequência, o sacerdócio e o templo para o mundo inteiro. O fato de a catequese batismal cristã ter aplicado estas palavras da instituição da Aliança do Antigo Testamento aos batizados indica que os cristãos pelo batismo se tornam participantes da dignidade de Israel, que o batismo é o novo Sinai. Isto significa que a Teologia da escolha de Israel é aplicada à Igreja enquanto novo povo de Deus. A Igreja como um todo deve ser morada de Deus no mundo e o lugar de sua adoração. Por meio dela o mundo deve participar da adoração, como no-lo explica Paulo na Carta aos Romanos, ao falar da graça que lhe fora concedida: "Liturgo de Cristo Jesus entre os gentios, exercendo o ministério sacerdotal a serviço do Evangelho de Deus, para que os gentios se tornem oblação agradável a Deus, santificada pelo Espírito Santo" (Rm 15,16). O sacerdócio comum dos batizados, que resulta de nossa inserção na história da aliança iniciada por Deus no Sinai, em nada contradiz os ministérios sacerdotais, da mesma forma como o sacerdócio comum em Israel em nada contradizia as suas ordens sacerdotais. Ao mesmo tempo isto nos permite ver claramente em que sentido a função ministerial que se inaugura com os Apóstolos na Igreja é algo de inteiramente novo e em que sentido ele assume as formas preparatórias da Antiga Aliança não obstante sua novidade. Podemos simplesmente dizer que o ofício ministerial apostólico da Igreja é novo da mesma forma como o Cristo é novo. Este ofício participa da novidade do Cristo e decorre dela. Mas assim como o Cristo faz novas todas as coisas e Ele próprio é a nova obra de Deus, embora assumindo em si todas as promessas através das quais a História inteira se encaminhou para Ele, assim também o novo sacerdócio dos enviados de Jesus traz em si a realização de toda a profecia da antiga aliança. Isto se verá muito claramente, se considerarmos a fórmula com a qual Jean Colson descreveu a natureza mais profunda do sacerdócio do Antigo Testamento, mediante uma análise minuciosa das fontes. Afirma ele: "A função dos 'Kohanim' (ἱερεῖς) consiste essencialmente em manter o povo consciente de seu caráter sacerdotal e agir no sentido de que ele viva como tal, a fim de glorificar a Deus com toda a sua existência"[8]. É inegável a proximidade com a fórmula de São Paulo sobre sua missão como liturgo de Jesus Cristo, acima citada. Aparece agora muito mais claramente o caráter missionário e dinâmico desta missão como decorrência do rompimento dos limites de Israel, operado na cruz de Cristo: o objetivo final de toda a liturgia e do ministério sacerdotal do Novo Testamento consiste em fazer do mundo inteiro um templo e uma oblação para Deus, ou seja, consiste em incluir o mundo inteiro no Corpo de Cristo, para que Deus seja tudo em todos (cf. 1Cor 15,28).

4. Consequências para o sacerdote nos dias de hoje

Aqui não iremos mais considerar em seus pormenores de que maneira se pode tornar operante tudo isto em nossos dias, principalmente na formação sacerdotal[9]. Neste contexto eu me contentaria com uma breve referência àquilo que me parece central. Vimos que o sacerdócio do Novo Testamento instaurado com os Apóstolos tem uma estrutura inteiramente cristológica e significa inserção do homem na missão de Jesus Cristo. Uma ligação pessoal com o Cristo constitui, portanto, essência e fundamento para o ministério sacerdotal. Daí depende tudo o mais, e nisto consiste o cerne de toda preparação para o sacerdócio e de qualquer formação subsequente. O sacerdote deve ser um homem que conhece Jesus a partir de dentro, que se encontrou com ele e aprendeu a amá-lo. Por isto o sacerdote deve ser, antes de tudo, um homem de oração, um homem realmente "espiritual". Sem este forte conteúdo espiritual ele não é capaz de perseverar em seu ministério com o passar do tempo. Deve aprender também com o Cristo que o que importa em sua vida não é sua autorrealização nem o sucesso. Deve aprender a não construir uma vida interessante e agradável para si, a não criar uma comunidade de admiradores e seguidores para si, mas a trabalhar para Cristo, centro único de toda pastoral. A isto se opõe a tendência natural de nossa existência, mas com o tempo se perceberá que esta perda de importância do eu é o que nos liberta verdadeiramente. Quem trabalha para Cristo sabe que é sempre um outro que semeia, um outro que colhe. Não precisa questionar-se a todo momento. Qualquer que seja o resultado, ele o entrega a Deus e faz a sua parte despreocupadamente, livre e jubiloso, porque sua vida está integrada numa causa imensa. Se os sacerdotes, hoje em dia, se sentem extenuados, fatigados e frustrados, a razão é uma busca crispada de eficiência. A fé se tornou um fardo pesado, difícil de arrastar, quando devia ter asas que nos transportam.

Da íntima vida de comunhão com Cristo brota a participação em seu amor pelos homens e em seu desejo de salvá-los e ajudá-los. Hoje muitos sacerdotes duvidam se fazemos verdadeiramente bem às pessoas quando as guiamos para a fé, ou se, deste modo, não estamos tornando pesada a sua vida. Pensam que seria melhor deixá-las na boa-fé de sua descrença, porque assim a vida lhes parece mais fácil de viver. Quando a fé é vista como um peso adicional que dificulta a vida, ela não pode tornar alguém feliz, e servirmos a essa causa da fé já não nos traz realização. Quem, entretanto, descobriu o Cristo a partir de dentro, quem o conhece de primeira mão, descobre a Força renovadora que confere sentido a todas as coisas e torna grandioso mesmo o que é difícil. Somente uma alegria como esta, por causa de Cristo, é capaz de nos dar a alegria para o ministério e torná-lo frutuoso.

Quem ama, deseja conhecer. Por isto do verdadeiro amor a Cristo brota o desejo de conhecê-lo sempre melhor, a ele e a tudo o que lhe pertence. Se o amor a Cristo se torna necessariamente amor aos homens, a educação para Cristo deve incluir também a educação para as virtudes naturais do ser humano. Se amá-lo implica conhecê-lo, a disponibilidade a um estudo sério e cuidadoso é nada mais do que sinal da seriedade da vocação e de uma busca interior autêntica da proximidade com o Cristo. A prática da fé é também prática das verdadeiras virtudes humanas e aprendizado da inteligência da fé. Como o Cristo jamais se acha só, mas veio, pelo contrário, para unir o mundo em seu corpo, acrescenta-se mais uma componente, que é o amor à Igreja: não procuramos um Cristo inventado por nós próprios; e é somente na verdadeira comunhão da Igreja que encontramos o verdadeiro Cristo. E, mais uma vez, é na prontidão a amar a Igreja, a viver com ela e servir ao Cristo dentro dela que se revelam a profundidade e a seriedade da relação com o próprio Senhor.

Eu gostaria de concluir com uma palavra do Papa São Gregório Magno, o qual, mediante imagens tiradas do Antigo Testamento, descreve a ligação essencial entre interioridade e ministério que acabamos de apontar: "Que são os santos varões senão rios que irrigam a terra...? Contudo em breve eles secariam... se não voltassem... ao lugar de onde partiram. Com efeito, se não voltarem para o interior do coração e não se atarem com vínculos de ardente desejo ao amor do Criador... a língua em breve secará. Mas, sob o impulso do amor, voltam sempre ao seu interior, e o que eles derramam em público... haurem... da fonte do amor. É amando que eles aprendem aquilo que anunciam ensinando"[10].

Notas ao capítulo IV

1. Cf. *Bischofssynode 1971*. Introdução do Cardeal J. Höffner. Comentário de H. U. v. Balthasar. Einsiedeln, 1972; Comissão Teológica Internacional, *Priesterdienst*. Einsiedeln, 1972. Para outras obras remeto o leitor a GALOT, J. *Theology of the Priesthood*. Washington, 1984. • GRESHAKE, G. *Priestersein*. Friburg, 1982. • *Résurrection*. Desclée, 1979 [*Cahiers théologiques* 61: Le sacerdoce apostolique].

2. Esta concepção corrente na exegese moderna foi energicamente combatida em época recente, especialmente com referência ao campo semântico das palavras *diakonia, diakonein* etc. Cf. COLLINS, J.N. Διακονεῖν *and Associated Vocabulary in Early Christian Tradition*. University of London, 1976 [Tese de doutorado].

3. Instrutivo neste sentido é BIMBAUM, W. *Das Kultsproblem und die liturgischen Bewegungen des 20. Jahrhunderts* –Vol. I: Die deutsche katholische liturgische Bewegung. Tübingen, 1966. / Vol. II: Die deutsche evangelische liturgische Bewegung. Tübingen, 1970. Sobre a discussão ecumênica cf. LEHMANN, K. & PANNENBERG, W. (orgs.). *Lehrverurteilungen* – kirchentrennend? I-III. Friburgo/Göttingen, 1986-1990.

4. Característico desta posição é A. HARNACK, Von. *Das Wesen des Christentums*. Stuttgart, 1950 (1900) [Reimpressão].

5. Cf., p. ex., BOFF, L. *Jesus Cristo Libertador*. Petrópolis, 1972.

6. Cf. SCHELKLE, K.H. *Jüngerschaft und Apostelamt*. Friburgo, 1957.

7. Cf. MALER, F.W. *Paulus als Kirchengründer und kirchlicher Organisator*. Würzburg, 1961 [Especialmente o resumo na p. 78].

8. COLSON, J. *Ministre de Jésus-Christ ou le Sacerdoce de l'Evangile*. Paris, 1966, p. 185. Este estudo teológico-bíblico básico deve ser apontado aqui com especial destaque. A mesma visão a respeito da relação entre Antigo e Novo Testamento é confirmada e aprofundada com uma exegese detalhada por HABETS, G. "Vorbild und Zerrbild. Eine Exegese von Mal 1,6-2,9". *Teresianum* XLI, 1990, p. 5-58.

9. Sobre este ponto, permito-me remeter o leitor a meu pequeno estudo: "Perspektiven der Priesterausbildung heute". RATZINGER, J. & SCHEELE, P.W. et al. *Unser Auftrag* – Besinnungen auf den priesterlichen Dienst. Würzburg, 1990, p. 11-38.

10. *In Ezechielem I hom* 5, 16 PL 76, 828 B; em alemão: Gregor d. Grosse. *Homilien zu Ezechiel*, tradução de G. Bürke. Einsiedeln, 1983, p. 99s.

CAPÍTULO V

UMA COMUNIDADE A CAMINHO
Sobre a Igreja e sua renovação permanente

Nota preliminar

Este texto foi preparado como discurso para o "Meeting pela amizade entre os povos", organizado pelo movimento "Comunione e Liberazione" em Rímini. O tema geral do encontro foi definido em torno de três figuras emblemáticas: "L'ammiratore (o admirador) – Tomás Becket – Einstein", às quais o texto se refere diversas vezes. A meu discurso coube o tema: "Una compagnia sempre reformanda (Uma comunidade em constante renovação)". A primeira parte faz referência a este título, amplo e por isso um tanto vago.

1. Descontentamento com a Igreja

Não é preciso uma grande imaginação para perceber que a "comunidade" sobre a qual quero falar aqui é a Igreja. O termo "Igreja" possivelmente foi evitado no título porque provoca espontaneamente reações de defesa na maior parte das pessoas de hoje. Já ouvimos falar demais da Igreja – dizem consigo – e na maioria das vezes não foi nada agradável. A palavra e a realidade da Igreja caíram em descrédito. E parece que esse clima desfavorável nem mesmo será superado por uma reforma permanente. Ou simplesmente até agora não se descobriu o tipo de reforma que poderia transformar a Igreja numa comunidade a caminho, na qual valeria a pena conviver?

Mas comecemos com uma pergunta: Por que a Igreja desagrada a tantas pessoas e até mesmo a crentes, a pessoas que até ontem poderiam ser contadas entre as mais fiéis e talvez ainda hoje o sejam, mesmo sofrendo? Os motivos são diversos e até mesmo opostos, conforme a posição de cada um. Alguns sofrem porque a Igreja se adaptou demasiadamente aos critérios do mundo; outros se aborrecem, porque ela continua ainda muito longe deste mundo. Para a maioria das pessoas o primeiro motivo deste aborrecimento com a Igreja é o de ser a Igreja uma instituição semelhante a muitas outras e, como tal, limitar a liberdade. Esta sede de liberdade é a forma pela qual se exprimem, hoje, a nossa ânsia de redenção e o sentimento de que ainda não fomos salvos, de que ainda continuamos alienados. O clamor por liberdade quer uma existência que não seja cercada por predeterminações capazes de impedir meu próprio desenvolvimento ou o caminho que eu gostaria de trilhar. Entretanto, encontramos, por toda parte, essas barreiras que nos detêm e nos impedem de ir adiante. Tais barreiras erguidas pela Igreja parecem ser duas vezes mais pesadas porque penetram em nossa esfera mais pessoal e mais íntima. Na realidade, as normas de vida da Igreja são muito mais do que regras de trânsito destinadas a evitar, o quanto possível, choques na convivência humana. Elas dizem respeito à minha caminhada interior e dizem como devo entender e atuar minha liberdade. Exigem de mim decisões que não posso tomar sem a dor da renúncia. Não estão querendo negar-nos os mais belos frutos do jardim da vida? Porventura, com a estreiteza de tantos preceitos e proibições, não estão barrando o caminho que nos leva a horizontes mais largos? O pensamento e a vontade não são privados de sua grandeza? A libertação não deve ser necessariamente uma fuga desta tutela espiritual? A única reforma verdadeira não deverá consistir em derrubar tudo isto? Mas, neste caso, que ainda restaria desta comunidade em marcha?

A amargura para com a Igreja tem ainda um motivo mais específico. Com efeito, em um mundo dominado por uma rígida disciplina e por pressões inevitáveis, a Igreja sempre de novo se torna objeto de uma esperança silenciosa. Espera-se que ela seja como uma ilha de vida melhor em meio a tudo isto, um pequeno oásis de liberdade, para onde pudéssemos retirar-nos de vez em quando. A decepção ou a ira contra a Igreja tem um caráter particular, porque silenciosamente dela se espera mais que de todas as instituições mundanas. Ela deveria ser a realização do sonho de um mundo melhor. No mínimo gostaríamos de experimentar nela o gosto da liberdade, o gosto de sermos redimidos, a sensação de sairmos da caverna, como diz São Gregório Magno, inspirando-se em Platão[1]. Mas como a Igreja, em seu aspecto concreto, está muito longe desses sonhos, sabendo demais à instituição e tendo aspecto de tudo o que é humano, ela é objeto de uma cólera particularmente amarga; cólera, todavia, que não apaga o interesse pela Igreja, porque não se pode extinguir o sonho que nos levou a ela. Uma vez que a Igreja não é como no-la representam os sonhos, procuramos desesperadamente conformá-la aos nossos desejos: um lugar onde gozemos de todas as liberdades, um espaço em que se rompam todos os nossos limites e onde experimentemos aquela utopia que deve existir em algum lugar. Da mesma forma como gostaríamos de construir um mundo melhor com nossa atividade política, assim também pensamos que deveríamos finalmente – talvez como primeira etapa rumo a esse objetivo – construir a Igreja melhor: uma Igreja plena de humanidade, plena de senso fraterno e criatividade, um lugar de reconciliação de tudo e para todos.

2. Reforma inútil

Mas de que modo isto deve acontecer? Como pode ter sucesso uma tal reforma? Ora bem, devemos simplesmente começar, dizem-nos. Isto é dito muitas vezes, com a ingênua presunção do iluminista convicto de que as gerações passadas não compreenderam a realidade ou eram temerosas e pouco iluminadas. Porém, dizem, temos a coragem e a inteligência para fazê-lo. Por mais resistência que os reacionários e "fundamentalistas" oponham a este nobre objetivo é preciso começá-lo.

Existe uma receita muito clara para um primeiro passo. A Igreja não é uma democracia. Ao que parece, ela ainda não incorporou na sua constituição aquele patrimônio de direitos à liberdade que o iluminismo conquistou e desde então foi reconhecido como a regra fundamental das formações políticas e sociais. Assim parece a coisa mais normal do mundo recuperar, afinal, o que ainda falta e começar a integrar este patrimônio de estruturas de liberdade. Este caminho-assim o afirmam – conduz da Igreja assistencialista à Igreja-comunidade. Ninguém deve ser mais receptor passivo dos dons próprios da existência cristã. Pelo contrário, todos devem ser sujeitos

85

atuantes. A Igreja já não deve ser aplicada de cima para baixo. Não! Somos nós mesmos que a "faremos" e a faremos sempre nova. Assim ela se tornará finalmente a "nossa" Igreja e nós seremos os responsáveis por ela. O aspecto passivo dá lugar ao aspecto ativo. A Igreja surge através de discussões, compromissos e decisões. No debate evidencia-se o que hoje se pode exigir, e o que por todos pode ser visto, hoje ainda, como parte da fé ou diretrizes morais. Cunham-se novas fórmulas de fé abreviadas. Na Alemanha foi dito, em nível eclesiástico bastante elevado, que a própria Liturgia não deve mais corresponder a um esquema prefixado, mas deve surgir no próprio lugar, em determinada situação, através da comunidade concreta[2]. Mesmo esta comunidade não deve ser algo de preconcebido, mas feita por si mesma, expressão da própria identidade. Neste caminho a palavra da Escritura constitui geralmente um pequeno obstáculo, mas não é possível renunciar inteiramente a ela. É então preciso selecionar os textos bíblicos, e não são muitos os que se deixam sem dificuldade empregar e adaptar àquela autorrealização à qual a Liturgia – segundo dizem – é destinada.

Mas esta obra de reforma, através da qual agora afinal a autogestão democrática se introduz, mesmo no interior da Igreja, substituindo qualquer imposição hierárquica, logo suscita várias questões. Quem tem agora propriamente o direito de tomar decisões? Com base em que isto se faz? Na democracia política este problema se resolve com o sistema da representação: nas eleições as pessoas escolhem seus representantes, que tomarão decisões por elas. Este encargo é limitado no tempo e seu alcance circunscrito, em grandes linhas, pelo sistema partidário, e compreende somente aqueles aspectos da ação política que a constituição atribui aos órgãos representativos. Mas também aqui encontramos problemas: A minoria deve curvar-se diante da maioria, e esta minoria pode ser muito grande. Além disso, nem sempre existe a garantia de que o representante que escolhi vai agir e falar realmente de conformidade com o que eu penso. Desta forma, observando-se as coisas de mais de perto, percebe-se que mesmo a maioria não pode considerar-se totalmente como sujeito ativo do acontecimento político, devendo assim aceitar "decisões vindas de fora", para não colocar em risco todo o sistema. Existe, no entanto, um problema geral mais importante com relação a este ponto. Tudo o que os homens fazem pode ser anulado por outros. Nem tudo o que provém do gosto humano pode agradar a outros. Tudo o que uma maioria decide pode ser revogado por outra maioria. Uma Igreja que se baseia nas decisões da maioria torna-se uma Igreja meramente humana. Reduz-se ao nível do factível, do plausível, do que é fruto de meras opiniões. A opinião substitui então a fé. Nas novas fórmulas de fé que conheço a expressão "creio" é simplesmente sinônima de "nós somos da opinião". Uma Igreja que se faz a si mesma tem o sabor do "si mesmo" que desagrada a outros "si mesmos" e bem cedo revela sua insignificância. Reduz-se ao domínio do empírico com uma Igreja assim ninguém pode mais sonhar.

3. A essência da verdadeira reforma

O ativista é o contrário daquele que admira (*ammiratore*, admirador). Ele restringe o campo de sua própria razão, perdendo de vista o mistério. Quanto mais quisermos decidir e agir na Igreja por nossa própria conta, tanto menos espaço haverá dentro dela para todos nós. A grande dimensão libertadora da Igreja não consiste naquilo que nós próprios fazemos, mas naquilo que nos é dado gratuitamente e que não provém de nossa vontade nem de nossa invenção; é algo que nos precede e vem até nós, sem ter sido imaginado por nós e é "maior do que o nosso coração" (cf. 1Jo 3,20). A *reformatio* necessária em todas as épocas não plasma a "nossa" Igreja, inventada segundo nosso capricho, mas exige a permanente abolição de nossas próprias estruturas, em favor da pura luz que nos vem do alto como irrupção da liberdade verdadeira.

Permiti-me que vos explique este meu pensamento com uma imagem que descobri em Michelangelo, que a retomou de antigos conhecimentos da mística e da filosofia cristãs. Com olhar de artista, Michelangelo via na pedra que estava diante dele a imagem pura que só esperava para ser libertada e trazida à luz. Para ele, a tarefa do artista consistia apenas em retirar da pedra aquilo que encobria a imagem[3]. Michelangelo considerava a verdadeira atividade artística como um libertar e trazer à luz, e não como um fazer. Encontramos a mesma ideia, aplicada ao campo antropológico, em São Boaventura que, inspirando-se na imagem do escultor, explica o caminho através do qual o homem se torna autenticamente ele próprio. O grande teólogo franciscano afirma que o escultor não faz uma coisa. Seu trabalho é uma *ablatio*: consiste em eliminar aquilo que é impróprio. Deste modo, com a *ablatio* surge a *nobilis forma* – a forma nobre[4]. Assim também o homem deve, antes e primeiro que tudo, receber a purificação, para que nele resplandeça a imagem de Deus – a purificação pela qual o escultor, ou seja, Deus, o liberta de todas as escórias que encobrem seu verdadeiro semblante e fazem com que ele pareça um bloco disforme de pedra, enquanto nele já habita a forma divina.

Se a entendermos corretamente, poderemos encontrar nesta imagem o modelo fundamental para a reforma da Igreja. Esta sempre precisará de novas estruturas humanas mediante as quais possa falar e agir em cada época histórica. Instituições eclesiásticas e ordenamentos jurídicos não são maus. Pelo contrário, em certo sentido são simplesmente necessários e indispensáveis. Mas envelhecem e podem se apresentar como o essencial, desviando o olhar do que é verdadeiramente essencial. Por isto devem ser sempre eliminadas como andaimes desnecessários. Reforma é sempre *ablatio*: uma ablação, para que se torne visível a forma *nobilis*, a face da esposa e com ela a face do próprio Esposo, o Senhor vivo. Essa *ablatio*, essa "teologia negativa" é um caminho rumo a uma meta inteiramente positiva. Só assim o divino penetra e só assim surge uma *congregato*, uma assembleia, uma purificação, aquela comunidade pura e almejada, na qual um "eu" não se opõe a outro "eu". Pelo contrário, a doação, o entregar-se com confiança, que fazem parte do amor, tornam-se um receber recíproco de todo o bem e de tudo o que é puro. Assim vale para todos a palavra do Pai cheio de bondade que lembra ao filho mais velho invejoso o que constitui o conteúdo de toda liberdade e uma utopia que se tornou realidade: "Tudo o que é meu é teu..." (Lc 15,31; cf. Jo 17,10).

A verdadeira reforma é, pois, *ablatio* (ablação) que, como tal, se torna *congregatio* (assembleia). Procuremos compreender um pouco mais concretamente esta ideia fundamental. No início dissemos que iríamos contrapor ao ativista o admirador (*ammiratore*), e nós optamos por este. Mas que entendemos por esta contraposição? O ativista coloca sua atividade acima de tudo, limitando seu horizonte ao âmbito do palpável objeto de sua ação. Na realidade, ele só vê objetos. É incapaz de perceber aquilo que é maior do que ele, porque isto imporia um limite à sua atividade. Ele restringe o mundo ao âmbito do empírico. O homem é amputado. O ativista constrói o seu próprio cárcere contra o qual, em seguida, protesta em voz alta. Saber admirar-se significa dizer um não ao empírico, ao imanente como limite último, e prepara o homem para o ato de fé que escancara os horizontes do Eterno, do Infinito. E só o ilimitado é suficientemente amplo para a nossa natureza, para a última vocação de nosso ser. Se este horizonte desaparece, a liberdade que resta se torna pequena demais e toda libertação que então se nos oferece será apenas um substitutivo insípido que jamais poderá satisfazer. A primeira e fundamental *ablatio*, necessária à Igreja, é sempre o próprio ato de fé, que rompe as barreiras do finito e nos abre nossos espaços ao infinito. A fé nos conduz a "um lugar espaçoso", como nos dizem os Salmos (p. ex. Sl 31[30],9). O pensamento moderno nos fechou cada vez mais no cárcere do positivismo, condenando-nos ao pragmatismo. Este sabe alcançar muitas coisas, sabe viajar à Lua e mesmo mais longe, por espaços incomensuráveis. Não obstante, permanecemos sempre no mesmo lugar, porque não ultrapassamos a verdadeira fronteira do quantitativo e do factível. Alberto Camus descreve o absurdo desta forma de liberdade na figura do imperador Calígula. Este tinha tudo à disposição; entretanto, tudo, para ele, era pouco. Em seu louco desejo de ter sempre mais, e coisas cada vez maiores, ele grita: Quero a Lua; dai-me a Lua[5]. Hoje podemos mais ou menos ter a Lua, mas se não se abrem as fronteiras entre terra e céu, entre Deus e o mundo, a Lua será apenas um pedaço a mais da Terra e o termos chegado lá não nos aproxima um passo sequer da liberdade e da plenitude tão almejadas.

A libertação fundamental que a Igreja nos pode oferecer consiste em nos manter dentro do horizonte do eterno e em fazer-nos sair dos limites de nosso saber e de nosso poder. Por isto, a própria fé, em toda a sua grandeza e amplitude, é sempre a reforma essencial de que precisamos. É sempre a partir dela que devemos reexaminar as estruturas humanas que se constituíram dentro da Igreja. Isto significa que a Igreja deve ser a ponte da fé e não pode, principalmente na vida de suas associações dentro do mundo, colocar-se como um fim em si mesma. Encontramos hoje, aqui e ali, mesmo em altos círculos eclesiásticos, a ideia de que uma pessoa é tanto mais cristã quanto mais se envolve em atividades eclesiásticas. Pratica-se uma espécie de terapia ocupacional eclesiástica. Para cada um arranja-se uma comissão ou, de qualquer modo, uma função dentro da Igreja.

Fazem crer que sempre se deve falar da Igreja ou fazer alguma coisa que diga respeito a ela. Mas um espelho que só reflete a si mesmo não é mais espelho. Uma janela que não deixa o olhar abrir-se livremente, mas se interpõe como um obstáculo entre o observador e a paisagem, não tem razão de existir. Pode acontecer que uma pessoa exerça ininterruptamente atividades dentro das associações eclesiásticas e, no entanto, não ser cristã. Pode ocorrer que alguém viva da Palavra e dos sacramentos e pratique o amor que vem da fé, sem jamais ter sido visto em associações eclesiásticas, sem se ter ocupado com novidades da política eclesiástica, sem ter participado de sínodos e ter votado neles, e, no entanto, ser um verdadeiro cristão. Não precisamos de uma Igreja mais humana; precisamos de uma Igreja mais divina, que será então realmente humana. É por isto que tudo o que é feito pelo homem dentro da Igreja deve ser visto em seu caráter de puro serviço, subordinado ao essencial.

A liberdade que nós, com razão, esperamos da Igreja e dentro da Igreja não se realiza pelo simples fato de introduzirmos nela o princípio da maioria. Ela não depende de que uma maioria mais ampla possível prevaleça sobre uma minoria mais estrita possível. Ela não depende de que alguém possa impor sua própria vontade aos outros, mas de que todos se sintam ligados à palavra e à vontade daquele Único, que é nosso Senhor e nossa liberdade. A atmosfera se torna pesada e sufocante na Igreja, quando os que estão revestidos do ministério se esquecem de que o Sacramento não é uma atribuição de poder, mas uma expropriação de mim mesmo em favor daquele em cujo nome devo falar e agir. Mas quando a uma maior responsabilidade corresponde uma maior expropriação de seu eu, ninguém é escravo do outro; então reina o Senhor e vale o princípio: "O Senhor é o Espírito, e, onde se acha o Espírito do Senhor, aí está a liberdade" (2Cor 3,17). Quanto mais estruturas nós construímos, ainda que sejam as mais modernas, tanto menos espaço existe para o Espírito, menos espaço para o Senhor e menos espaço para a liberdade. Julgo que sob este ponto de vista deveríamos começar um exame de consciência sincero em todos os níveis dentro da Igreja. Isto deveria ter consequências concretas em todos os níveis e trazer uma *ablatio* que deixasse transparecer novamente a verdadeira fisionomia da Igreja e pudesse nos devolver, de maneira inteiramente nova, o sentimento da liberdade e de estarmos em casa.

4. Moral, perdão e expiação: o centro pessoal da reforma

Antes de prosseguirmos, consideremos por um momento aquilo que dissemos até agora. Falamos de duas "ablações": de uma dupla libertação, que é um ato duplo de purificação e de renovação. *Primeiramente* falamos da fé que rompe o muro do finito e liberta o olhar para a amplitude do Eterno, e não só o olhar, como também o caminho. Com efeito, a fé não é apenas conhecer; é também operar. Não é só uma brecha aberta no muro; é também uma mão libertadora que nos tira da caverna. *Daí* extraímos as consequências para as instituições: a estrutura essencial da Igreja precisa sempre de novo expressar-se em formas concretas, para permear com sua vida cada época e cada espaço; mas essas formas importantes, porém contingentes, jamais devem substituir-se ao essencial. A Igreja não existe para nos manter ocupados, como uma instituição mundana, nem para se conservar; ela existe, para ser em todos nós abertura e passagem para a vida eterna.

Agora devemos dar mais um passo e transpor tudo isto do plano geral e objetivo para o plano pessoal. Com efeito, aqui também se faz necessária uma "ablação" libertadora. Nossos irmãos nem sempre manifestam a "forma nobre", a imagem de Deus neles inscrita. Primeiramente vemos apenas a imagem de Adão, a imagem do homem decaído ainda que não totalmente destruído. Vemos a crosta de pó e de sujeira que encobriram a imagem. Por isto, todos nós precisamos do verdadeiro Escultor, que elimine aquilo que deforma a imagem. Precisamos do perdão, que é o cerne de todas as reformas verdadeiras. Certamente não é por acaso que a remissão dos pecados ocupa um papel essencial nas três etapas decisivas da Igreja nascente, narradas pelos Evangelhos. Em primeiro lugar está a entrega das chaves a Pedro. O poder de ligar e desligar, de abrir e fechar, de que fala o Evangelho, é, em seu núcleo, o encargo de fazer entrar, de acolher em casa, de perdoar (Mt 16,19)[6]. Encontramos a mesma coisa, de novo, na Última Ceia, onde a partir do Corpo de Cristo e no Corpo de Cristo é inaugurada a nova comunidade. Esta se torna possível, porque o Senhor derramou seu sangue "por muitos para a remissão dos pecados" (Mt 26,28). Por último, na sua primeira aparição aos Onze, o Ressuscitado funda a comunidade de sua paz, concedendo-lhes o poder de perdoar (Jo 20,19-23). A Igreja não é a comunidade daqueles que "não precisam de médico" (Mc 2,17), mas comunidade de pecadores convertidos que vivem da graça e a comunicam aos outros.

Se lermos atentamente o Novo Testamento, veremos que o perdão nada tem em si de mágico; tampouco o perdoar é um esquecimento fingido ou um fazer de conta que nada aconteceu. É um processo real de mudança, como o que o escultor opera. Retirar a culpa realmente *remove* alguma coisa. A graça do perdão em nós se manifesta na penitência. Neste sentido, o perdão é um processo ativo e passivo. A poderosa palavra de Deus dirigida a nós produz a dor da mudança e se torna em nós transformação ativa. O perdão e a penitência, a graça e a conversão pessoal não estão em contradição entre si, mas são as duas faces de um único e mesmo fato. Esta fusão de atividade e passividade exprime a forma essencial da existência humana, porque toda a nossa capacidade criadora começa com o fato de sermos criados, de termos nossa capacidade criadora por pura iniciativa criadora de Deus.

Chegamos aqui a um ponto verdadeiramente central: acredito que o núcleo da crise espiritual de nossa época tem suas raízes no obscurecimento acerca da graça do perdão. Antes, porém, destaquemos o aspecto positivo da atualidade: a dimensão moral volta pouco a pouco a gozar de consideração. Começa a ser reconhecido, ou melhor, tornou-se evidente que todo progresso técnico é discutível e, em última análise, destrutivo, se não corresponder a um avanço moral. Reconhece-se que não existe reforma do homem ou da humanidade sem uma renovação moral. Mas, no fundo, o clamor pela moral fica sem força, porque os parâmetros se escondem sob um nevoeiro de discussões. Na realidade, o homem não pode suportar pura e simplesmente a moral, não pode viver dela: ela se torna para ele "lei" que provoca resistência e gera o pecado. Por isso, onde o perdão, um perdão verdadeiro e eficaz, não é reconhecido ou não é objeto de fé, a moral é delineada de tal maneira que as condições do pecado para cada homem jamais possam se verificar. A atual discussão sobre a moral tende, em grande parte, a libertar o homem da culpa, fazendo com que as condições de sua possibilidade jamais possam existir. Vem-nos à mente a frase mordaz de Pascal: *Ecce patres, qui tollunt peccata mundi!* Eis os padres que tiram o pecado do mundo. Segundo esses "moralistas" simplesmente não existe mais culpa. Naturalmente, esta maneira de libertar o mundo é demasiadamente banal. Os homens assim libertados sabem muito bem que tudo isto não é verdadeiro, que existe o pecado, que eles próprios são pecadores e que deve existir uma forma eficaz de superar o pecado[7]. O próprio Jesus não chama aqueles que já se libertaram por si mesmos e que, por isto, como acreditam, não precisam dele. Ele chama aqueles que sabem que são pecadores e por isto dele precisam. A moral só conserva sua seriedade, quando existe o perdão, um perdão verdadeiro e eficaz; do contrário, ela recai em um puro condicional vazio. Mas só existe o verdadeiro perdão, se se pagou um "preço", um valor correspondente, se houve desagravo pela culpa, se existe expiação. Não se pode romper o entrelaçamento que existe entre moral, perdão e expiação; se faltar um dos elementos, todo o resto cai por terra. Este círculo sempre só existe como um todo; depende dele a salvação ou não salvação do homem. Nos cinco livros de Moisés, a Tora, esses três elementos se acham indissoluvelmente ligados entre si, e por isto não é possível retirar desta peça essencial do cânon do Antigo Testamento uma lei moral sempre válida e deixar o resto com o passado, à maneira iluminista. Esta forma de atualização moralista do Antigo Testamento acaba necessariamente em fracasso; foi neste ponto que consistiu o erro de Pelágio, o qual tem, hoje, mais seguidores do que pode parecer à primeira vista. Jesus, pelo contrário, cumpriu *toda* a lei, e não só uma parte dela, e a renovou assim desde as bases. Ele mesmo, que padeceu para expiar toda culpa, é expiação e perdão, e, por isto, é também o único fundamento seguro e sempre válido de nossa moral. Não se pode dissociar a moral da Cristologia, porque não se pode separá-la da expiação e do perdão. Em Cristo se cumpriu toda a lei e com isto a moral tornou-se uma exigência verdadeira e possível para nós. Destarte, é a partir do núcleo da fé que se abre continuamente o caminho da renovação para cada pessoa, para a Igreja como um todo e para a humanidade.

5. O sofrimento, o martírio e a alegria da redenção

Haveria muitas coisas ainda a dizer sobre isto. Procurarei, no entanto, indicar muito brevemente, nesta parte final, aquilo que em nosso contexto me parece a coisa mais importante. O perdão e sua realização em mim pela via da penitência e do seguimento de Cristo é, antes do mais, o centro pessoal de toda renovação. Mas porque o perdão toca a pessoa em seu núcleo mais profundo, ele congrega na unidade e é também o centro da renovação da comunidade. Com efeito, se são retirados de mim o pó e a sujeira que tornam irreconhecível a imagem de Deus em mim, eu me tomo semelhante ao outro, que é também imagem de Deus, e sobretudo me torno semelhante ao Cristo que é a imagem sem limites, o modelo segundo o qual fomos criados. Paulo expressa este processo em termos verdadeiramente drásticos: a velha imagem passou, surgiu uma nova (2Cor 5,17); não sou mais eu que vivo, mas é o Cristo que vive em mim (Gl 2,20). Trata-se de um processo de morte e nascimento. Eu sou arrancado de meu isolamento e recebido em uma nova comunidade; meu eu foi inserido no eu do Cristo e assim unido ao de todos os meus irmãos. Só a partir desta profundidade da renovação da pessoa é que nasce a Igreja, nasce a comunidade que nos une e nos sustenta na vida e na morte. Só quando consideramos tudo isto é que vemos a Igreja na sua verdadeira grandeza. A Igreja não é somente um pequeno grupo de ativistas que se reúne em um certo lugar para pôr em movimento algumas atividades comunitárias. A Igreja também não é apenas o grupo daqueles que se reúne aos domingos para celebrar a Eucaristia. Enfim, a Igreja é mais do que Papa, bispos e sacerdotes, portadores do ministério sacramental. Todos aqueles que mencionamos pertencem à Igreja, mas os limites da "comunidade em marcha" (compagnia), na qual ingressamos através da fé, se estendem para além da morte. Dela fazem parte todos os santos, desde Abel e Abraão e todas as testemunhas da esperança, das quais nos fala o Antigo Testamento, passando por Maria, a Mãe do Senhor e seus Apóstolos, por Thomas Becket e Thomas Morus, até Maximiliano Kolbe, Edith Stein, Pier Giorgio Frassatti. Dela fazem parte os desconhecidos, os minominados, "cuja fé só Ele conhece"[8]. Dela fazem parte os homens de todos os lugares e de todas as épocas, cujo coração se expande, no amor e na esperança, até o Cristo, "autor e plenificador da fé", como o chama a Carta aos Hebreus (12,2). Eles, os santos, são os que formam a verdadeira maioria determinante, pela qual nos orientamos[9]. É a eles que nos atemos. Eles traduzem o divino no humano, o eterno no tempo. Eles são os nossos mestres de humanidade, que não nos abandonam na dor e na solidão, e mesmo na hora da morte caminham ao nosso lado.

Aqui tocamos um ponto muito importante. Uma visão do mundo incapaz de dar sentido também ao sofrimento e de transformá-lo em algo de precioso não serve para nada. Falha precisamente quando surge a questão decisiva da existência. Aqueles que diante do sofrimento só sabem dizer que ele deve ser combatido nos enganam. Evidentemente é preciso tudo fazer para aliviar o sofrimento dos inocentes e limitar a dor. Mas não existe vida humana sem sofrimento, e quem não é capaz de aceitar o sofrimento, perde aquelas purificações, sem as quais não há amadurecimento humano. Na comunhão com o Cristo a dor se torna plena de sentido, não só para mim mesmo, como processo de *ablatio*, no qual Deus retira de mim as escórias que encobrem sua imagem, mas também para todos, de modo que podemos dizer com São Paulo: "Agora eu me regozijo nos meus sofrimentos por vós, e completo, na minha carne, o que falta das tribulações de Cristo pelo seu corpo que é a Igreja" (Col 1,24).

Thomas Becket, que, juntamente com a figura do admirador (*ammiratore*), e de Einstein, está por trás dessas nossas considerações, anima-nos a dar o passo final. A vida vai muito mais além da nossa existência biológica. Quando não existe mais nada pelo qual valha a pena morrer, também a vida não vale mais a pena. Quando a fé nos abre o olhar e dilata nosso coração, esta outra frase de São Paulo adquire toda a sua força e luz: "Ninguém de nós vive e ninguém morre para si mesmo, porque se vivemos é para o Senhor que vivemos, e se morremos é para o Senhor que morremos. Portanto, quer vivamos, quer morramos, pertencemos ao Senhor" (Rm 14,7-8). Quanto mais estivermos radicados na comunidade em marcha com Jesus Cristo e com todos os que lhe pertencem, tanto mais nossa vida será sustentada por aquela confiança irradiante que São Paulo exprimiu em outra frase: "Estou convencido de que nem a morte nem a vida, nem os anjos nem os principados, nem o presente nem o futuro, nem os poderes, nem a altura nem a profundeza, nem nenhuma outra criatura poderá nos separar do amor de Deus manifestado em Cristo Jesus, nosso Senhor" (Rm 8,38s.).

Caros amigos, devemos nos deixar encher por esta fé. Então a Igreja crescerá em nós como comunhão no caminho rumo à verdadeira vida, e então ela se renovará de dia para dia. Então se tornará a grande casa com muitas moradas. Então a multiplicidade dos dons do Espírito poderá operar nela, e veremos "como é bom e suave habitarem juntos os irmãos... É como o orvalho do Hermon que desce sobre o monte Sião; porque aí o Senhor nos dá a bênção e a vida para sempre" (Sl 133,1.3).

Notas ao capitulo V

1. MAGNO, G. *Horn. in Ez.* lib. II hom. I 17 PL 76, 948 A.

2. Assim se lê, p. ex., em NORDHUES, P. & WAGNER, A. *Redaktionsbericht zum Einheitsgesangbuch "Got-teslob"* (Paderborn/Stuttgart, s.d., p. 30) o título: "Das Messformular entsteht am Ort"(o formulário da missa surge no lugar)" A parte desenvolvida no texto é bastante moderada. A declaração de que o formulário deve surgir no lugar parece restringir-se aos cantos do próprio. Mas por que o título provocante? A tendência que ele expressa foi plenamente desenvolvida, segundo o informativo de *Herderkorrespondenz* sobre a sessão de 1990 da "Arbeitsgemeinschaft katholischer Liturgiedozenten im deutschen Raum". O tema "inculturação" foi aplicado nesta reunião à Liturgia dos países industrializados, para os quais a questão se apresenta de maneira ainda menos clara do que para os países em desenvolvimento, segundo se falava nesse congresso. Segundo Hans-Bernhard Meyer tratar-se-ia de "encontrar formas de assembleias criadas nas condições atuais, mas que sejam, ao mesmo tempo, transparentes para um encontro com o mistério de Deus". Neste sentido já existiriam ensaios concretos, porém incipientes. "No fundo já não existem mais a liturgia da missa romana e o missal romano... e no futuro existirão ainda muito menos" (HK 44, set. de 1990, p. 406). Neste caso, provavelmente, em breve também não se precisará mais de liturgistas.

3. Cf. CANTALAMESSA, R. *Maria.* Milano, 1989, p. 27. Para minha alegria fiquei sabendo que Chiara Lubich, a fundadora do Movimento Focolarino, fez uma conferência, quase ao mesmo tempo em que o meu discurso de Rímini, subordinada ao tema "L'arte del levare – A arte de retirar", onde, referindo-se a Michelangelo, desenvolve ideias muito semelhantes às que procurei expor.

4. QUARACCHI (org.). *Coll in Hex II* 33, vol. 342 b. Na tradução de W. Nyssen (BONAVENTURE. *Das Sechstagewerk.* Munique, 1964, p. 139): "Esta ascensão, porém, se processa pela confirmação (*affirmationem*) e pela ablação. O amor sucede-se à ablação... Quem esculpe uma imagem (*sculpit imaginem*), não põe nada. Antes, ele retira partes a golpe de martelo e deixa na pedra a forma nobre e formosa (*relinquit formam nobilem et pulchram*). Assim também o conhecimento de Deus, mediante ablação, deixa em nós a forma (*dispositionem*) nobilíssima".

5. *Calígula*, 1º ato, 4ª cena, em: CAMUS, A. *Théatre – Récits Nouvelles*. Bibliothèque de la Plêiade, 1962, p. 15s. Para sua interpretação: LINDE, G. *Das Problem der Gottesvorstellungen im Werk von A. Camus*. Münster, 1975, p. 31.

6. GNILKA, J. *Das Matthäusevangelium*, II, Friburgo, 1988, p. 65: "Rejeitando os Evangelhos, eles (os escribas) fecham as portas do Reino do Céu aos homens. Simão Pedro ocupa-lhes o lugar. Se considerarmos esta contraposição, veremos que o discípulo recebe principalmente o encargo de abrir as portas do Reino do Céu. Sua missão deve ser descrita como missão positiva". Mesmo que não se tome o poder de perdoar como sentido primário das palavras sobre o poder de ligar e desligar, contudo, ele não pode ser separado desta missão.

7. Cf. a este respeito o notável artigo de GÖRRES, A. "Schuld und Schuldgefühle". *Internat. kath. Zeitschr.* 13, 1984, p. 430-443, p. 438: "A psicanálise encontrou dificuldades em admitir entre os sentimentos de culpa aqueles que remontam à verdadeira culpa. Ela não consegue admitir este dado... porque sua filosofia desconhece a liberdade..., seu determinismo é o ópio dos intelectuais. Para ela Sigmund Freud superou de longe o pobre e inesclarecido Rabi Jesus. Este só sabia perdoar pecados, e achava que era necessário fazê-lo. Sigmund Freud, o novo Messias de Viena, pelo contrário, fez muito mais do que isto. Eliminou o pecado e a culpa do mundo espiritual", p. 433s: "Os sentimentos de culpa são necessários e indispensáveis na ordem psíquica para a saúde espiritual... Quem, pois, é tão morno, que já nem tem sentimentos de culpa quando seria necessário, deve procurar reencontrá-los com todas as suas forças".

8. Do *memento mortuorum* da 4ª Oração Eucarística.

9. Cf. a este respeito o Cardeal MEISNER, J. *Wider die Entsinnlichung des Glaubens*. Graz, 1990, p. 35: "Democracia na Igreja significa conceder o direito de voto, na geração atual dos cristãos, às gerações que creram, esperaram, amaram e sofreram antes de nós". De fato, na Igreja nunca pode haver apenas uma maioria em sentido sincrônico, ela deve ser sempre essencialmente diacrônica, porque os Santos de todos os tempos vivem e são a verdadeira Igreja.

EPÍLOGO

PARTIDO DE CRISTO OU IGREJA DE JESUS CRISTO?

Homilia pronunciada no Seminário maior de Filadélfia, Estados Unidos, em 21 de janeiro de 1990 (3º Domingo do Tempo Comum).

A leitura da Primeira Carta de São Paulo aos Coríntios que acabamos de ouvir é de uma atualidade quase dramática. É verdade que São Paulo fala à comunidade de Corinto de sua época interpelando as consciências diante do que, entre eles, está em contradição com a verdadeira existência cristã. Entretanto, logo percebemos que não se trata apenas de uma comunidade cristã que de há muito pertence ao passado, mas que aquilo que ele escreveu toca-nos a nós aqui e agora. Ao se dirigir aos coríntios, Paulo se dirige a nós e põe o dedo na ferida de nossa vida eclesial de hoje. Como os coríntios, também nós corremos o risco de dissolver a Igreja com lutas e partidarismos, onde cada um desenvolve sua própria ideia sobre o cristianismo. Assim, a pretensão de sempre termos razão torna-se mais importante do que as exigências de Deus sobre nós, mais importante que nosso reto proceder diante dele. Nossa ideia própria oculta-nos a palavra de Deus e a Igreja desaparece por trás dos partidos criados segundo nossos próprios gostos. É impossível ignorar a semelhança que há entre a situação dos coríntios e a nossa. Mas Paulo não pretende apenas descrever uma situação. Ele se dirige a nós, para sacudir a nossa consciência e nos reconduzir à verdadeira totalidade e unidade da existência cristã. Por isto devemos perguntar-lhe: que existe verdadeiramente de errado em nosso comportamento? Que fazer para não nos tornarmos partido de Paulo ou de Apolo ou de Cefas, nem um partido de Cristo, mas sua Igreja? Que diferença existe entre um partido de Cristo e sua Igreja viva? Entre um partido de Cefas e a verdadeira fidelidade à rocha sobre a qual está construída a casa de Deus?

Procuremos, portanto, antes de tudo, entender o que acontece em Corinto e que, em vista dos perigos inerentes ao próprio homem, ameaça constantemente se repetir de novo. Poderíamos resumir brevemente a diferença em questão na seguinte frase: Se eu me declaro por um partido, este se torna, por isto mesmo, *o meu* partido. Ora, a Igreja de Jesus não é *minha,* mas sempre *a sua* Igreja. A essência da conversão consiste em que eu já não procure meu partido, com meus interesses e meus gostos, mas me entregue às mãos do Cristo e me torne seu, me torne membro de seu corpo, que é a Igreja. Procuremos ilustrar este ponto um pouco mais detalhadamente. Os coríntios veem no cristianismo uma teoria religiosa interessante que corresponde a seus gostos e expectativas. Escolhem aquilo que lhes agrada e o escolhem sob uma forma que lhes é simpática. Quando, porém, a vontade própria é determinante, já se deu a cisão, porque os gostos são muitos e contraditórios entre si. Desta escolha ideológica pode surgir um clube, um círculo de amigos, ou um partido, mas não uma Igreja que supera as oposições entre os homens e os une na paz de Deus. O princípio do qual surge um clube é o próprio gosto, mas o princípio sobre o qual se funda a Igreja é a obediência ao chamado do Senhor, como hoje lemos no Evangelho: "Chamou-os e eles, deixando imediatamente o barco e o pai, seguiram Jesus" (Mt 4,21s.).

Tocamos aqui num ponto decisivo: a fé não é a escolha de um programa que me convém ou o ingresso em um clube, no qual me sinto compreendido. A fé é conversão que muda minha pessoa e meus gostos ou pelo menos torna secundários meus gostos e minha vontade. A fé atinge uma profundidade inteiramente diversa daquela da escolha que me liga a um partido. Sua força de mudança é tão grande que a Escritura a caracteriza como um novo nascimento (cf. 1Pd 1,3.23). Estamos aqui diante de uma percepção importante que devemos aprofundar um pouco mais, porque é neste ponto que se oculta o cerne dos problemas com os quais temos de lidar hoje em dia dentro da Igreja. Temos dificuldade de imaginar a Igreja a não ser nos moldes de uma sociedade autônoma que procura dar a si mesma uma forma, aceitável para todos, valendo-se do princípio de maioria. Temos dificuldade de conceber a fé a não ser à maneira de uma opção por uma causa que nos agrada e pela qual gostaríamos de nos empenhar. Mas em tudo isto os agentes somos apenas nós mesmos. Somos *nós* que construímos a Igreja, somos *nós* que tentamos melhorá-la e transformá-la em uma casa habitável. *Nós* queremos oferecer programas e ideias que sejam simpáticas ao maior número possível de pessoas. No mundo moderno simplesmente já não pressupomos que é Deus quem toma iniciativa e age. Com isto exatamente nos igualamos aos coríntios: trocamos a Igreja por um partido e a fé por um programa partidário. Não se rompe o círculo de nossa própria vontade e de nossos próprios gostos.

Talvez agora possamos compreender um pouco melhor a mudança que a fé significa, a conversão que ela implica: reconheço que é o próprio Deus quem fala e quem age; que não existe apenas a nossa, mas a Sua causa. Mas se isto é verdade, se não somos nós apenas que optamos e agimos, mas se é Ele quem fala e opera, então tudo muda de aspecto. Então devo obedecer a Ele, devo segui-lo, mesmo quando Ele me conduz para onde não quero (Jo 21,18). Então torna-se pleno de sentido, torna-se mesmo necessário que eu abandone meus próprios gostos, renuncie a minha própria vontade e siga aquele que é o único que nos pode mostrar o caminho que conduz à vida verdadeira, porque ele mesmo é a própria vida (Jo 14,6). É este o significado da cruz que Paulo nos aponta no final, como a resposta aos partidos de Corinto (10,17). Abandono *meus* gostos e me submeto *a Ele*. Mas é assim que me torno livre, porque a servidão precisamente consiste em permanecermos presos no círculo de nossos próprios desejos.

Compreenderemos tudo isto ainda melhor, se o considerarmos sob outro ponto de vista, não partindo mais de nós mesmos, mas do próprio Deus e sua iniciativa. Cristo não é fundador de um partido nem filósofo religioso, aspecto este para o qual São Paulo chama enfaticamente a atenção em nossa leitura (1Cor 10,17). Não é uma pessoa que imagina toda espécie de ideias e conquista partidários para elas. A Carta aos Hebreus expressa o ingresso do Cristo neste mundo com as palavras do Salmo 40: Não quiseste sacrifício e oferendas, mas me preparaste um corpo (Sl 40,6; Hb 10,5). Cristo é a própria palavra de Deus que se encarnou por nós. Não é apenas uma pessoa que fala; Ele é a Palavra que fala. Seu amor, no qual Deus se dá a nós, vai até ao extremo, vai até à cruz (cf. Jo 13,1). Se o acolhemos, não escolhemos apenas ideias; mas colocamos nossas vidas em suas mãos e nos tornamos uma "nova criatura" (2Cor 5,17; Gl 6,15). A Igreja, portanto, não é um clube, não é um partido, nem um Estado religioso dentro do Estado terrestre, mas um corpo, o Corpo de Cristo. E por isto a Igreja não é feita por nós; é consumida pelo próprio Cristo, ao purificar-nos pela Palavra e pelo sacramento, fazendo de nós seus membros. Naturalmente existem muitas coisas que nós próprios estabelecemos dentro da Igreja, porque ela penetra profundamente na esfera prática das coisas humanas. Não quero fazer aqui a apologia de um falso supranaturalismo. Mas o que é específico e próprio da Igreja não pode ser fruto de nossas vontades e de nossas iniciativas; não nasce "da carne nem da vontade do homem" (Jo 1,13). Deve vir de Cristo. Quanto mais somos nós que fazemos a Igreja, tanto mais ela se torna inabitável, porque tudo o que é humano é limitado e se contrapõe a outro humano. A Igreja será tanto mais a pátria do coração para os homens, quanto mais escutarmos o Senhor e quanto mais ela viver do Senhor: de sua Palavra e dos sacramentos que Ele nos legou. A obediência de todos a Ele será a garantia de nossa liberdade.

Tudo isto tem consequências muito importantes para o ministério sacerdotal. O sacerdote deve velar atentamente para não construir sua própria Igreja. Paulo examina cuidadosamente sua consciência, perguntando-se como era possível que pessoas transformassem a Igreja de Cristo em um partido religioso de Paulo. Com isto quer garantir a si mesmo e aos coríntios que tudo foi feito para evitar ligações que pudessem obscurecer a comunhão com Cristo. Quem se converte por intermédio de Paulo não se torna partidário de Paulo, mas seguidor do Cristo, membro da Igreja comum, que permanece sempre a mesma, independentemente de quem seja Paulo ou Apolo ou Cefas (1Cor 3,22). Não importa quem seja este ou aquele: "Vós sois de Cristo, e Cristo é de Deus" (3,23). Vale a pena reler e analisar cuidadosamente o que Paulo escreveu a este respeito, porque aí aparece o que é essencial no ministério sacerdotal, com uma clareza que nos ensina, de modo prático e para além de qualquer teoria, o que devemos fazer ou não fazer. "Quem é, portanto, Apolo? Quem é Paulo? Servidores pelos quais recebestes a fé... Eu plantei, Apolo regou; mas quem deu o crescimento foi Deus. Assim aquele que planta nada é, aquele que rega nada é; mas importa tão somente Deus, que dá o crescimento. Aquele que planta e aquele que rega são iguais... Somos cooperadores de Deus. Vós sois o campo de Deus, sois o edifício de Deus" (1Cor 3,5-9). Em certas igrejas protestantes alemãs existia e ainda existe o costume de comunicar nos anúncios do serviço divino quem presidirá o culto e fará a pregação. Não raro esconde-se, sob esses nomes, certo partidarismo. Cada um escolhe seu próprio ministro. Infelizmente algo de parecido começa agora também a se verificar em comunidades católicas, mas isto mostra que a Igreja tende a desaparecer por detrás de partidos e que, em última análise, queremos ouvir opiniões humanas e não mais a Palavra comum de Deus que tudo supera e cuja garantia é a Igreja una. Só a unidade da fé da Igreja e a sua obrigatoriedade nos dão a garantia de não seguirmos opiniões humanas nem aderirmos a partidos formados por nós próprios, mas pertencermos e obedecermos ao Senhor. Hoje em dia existe o grande perigo de se dividir a Igreja em partidos religiosos que se agrupam em torno de mestres e pregadores. E então vale de novo: eu sou de Apolo, eu sou de Paulo, eu sou de Pedro, transformando o próprio Cristo em um partido. A norma do ministério sacerdotal é o autodesprendimento que se submete à medida de Jesus: "Minha doutrina não é minha" (Jo 7,16). Somente quando pudermos dizer isto sem nenhuma restrição é que seremos cooperadores de Deus que plantam e regam, tornando-nos, assim, participantes da sua obra. Se os homens se reportam a nós, contrapondo nosso cristianismo ao dos outros, isto deve constituir para nós sempre motivo para um exame de consciência. Nós não anunciamos a nós próprios. Anunciamos o Cristo. Isto exige nossa humildade, a cruz do seguimento. Mas é justamente isto que nos liberta, enriquece e engrandece nosso ministério. Com efeito, se anunciarmos a nós próprios, permaneceremos encerrados em nosso pobre eu e reduziremos outros a nossa estreiteza. Se anunciarmos o Cristo, tornar-nos-emos "cooperadores de Deus" (1Cor 3,9); e que poderia haver de mais belo e de mais libertador?

Peçamos ao Senhor que Ele nos faça experimentar sempre de novo a alegria desta missão. Assim também entre nós se torna verdadeira a palavra do Profeta, palavra esta que só se realiza onde o próprio Cristo percorre nossos caminhos: o povo que vive nas trevas viu uma grande luz... Rejubilam-se diante de vós como na alegria da colheita, como exultam na partilha dos despojos (Is 9,1-3; cf. Mt 4,15s.). Amém.

Conecte-se conosco:

f facebook.com/editoravozes

⊙ @editoravozes

🐦 @editora_vozes

▶ youtube.com/editoravozes

🟢 +55 24 2233-9033

www.vozes.com.br

Conheça nossas lojas:

www.livrariavozes.com.br

Belo Horizonte – Brasília – Campinas – Cuiabá – Curitiba
Fortaleza – Juiz de Fora – Petrópolis – Recife – São Paulo

 Vozes de Bolso

EDITORA VOZES LTDA.
Rua Frei Luís, 100 – Centro – Cep 25689-900 – Petrópolis, RJ
Tel.: (24) 2233-9000 – E-mail: vendas@vozes.com.br